L'HEVREVX ESCLAVE,

OU

RELATION

DES AVANTVRES DU SIEUR DE LA MARTINIERE,

comme il fut pris par les Corſaires de Barbarie & delivré; La maniere de combatre ſur Mer, de l'Afrique & autres particularitez.

A PARIS,
Chez OLIVIER DE VARENNES,
au Palais, en la Galerie des Priſonniers, au Vaze d'Or.

Avec Privilege du Roy.

M. DC. LXXIV.

A SON ALTESSE MONSEIGNEVR LE COMTE DE VERMANDOIS, Grand Admiral de France.

MONSEIGNEVR,

Faiſant reflexion ſur le chois qu'a fait Sa Majeſté de VOTRE ALTESSE, pour luy donner l'adminiſtration du pouvoir qu'il a ſur les Mers, vous faiſant Chef de ſes Armées Navalles, par la Charge qu'il vous a donnée de Grand Admi-

ral, me fait juger que c'est un effect de Dieu qui vous a predestiné pour estre un jour le Fleau des Corsaires & Liberateur des oppressez, comme Iason qui rendit le commerce de la Mer libre; & depuis Pompée qui deffit en peu de jours les Cilesiens les plus redoutables Pyrates qui ayent jamais esté, pour avoir mile vaisseaux de courses, avec lesquels ils se maintenoient, qu'il leur ôta avec leurs villes de retraitte; Iules Cæsar par la mort d'Alcamon & ses Compagnons, pareils tyrans de la liberté, Cyrus par celle de Chipandas à qui il ôta cent trente Galleres, avec lesquels il écumoit les Mers, comme font aujourd'huy les habitans de Salé, Tetouan, Tunis, Alger, Tripoly, de Barbarie, & autres ennemis du Genre-Humain, qui sans aucune raison que la volonté d'assouvir leur insatiable avarice, non comptans de ravir les biens de ceux qu'ils prennent, leurs ôtent la liberté, les chargeans de fer, & faisans esclaves pour les vendre, comme on fait en France les chevaux, qui fait que les Marchands qui s'azardent sur cèt Element inconstant, outre les vents & les tempêtes craignent encore plus la rencontre de ces infidels, que tous les Chrétiens esperent que vous exterminerez par vôtre generosité & bonne conduite, ouvrant les chemins de la Marine aux Navigeurs : Ce qui comblera VOTRE ALTESSE de benedictions, que je vous souhaite, en prenant la liberté de vous offrir cette Relation de mes premieres avantures, pour vous témoigner que je suis,

MONSEIGNEUR,

de VOTRE ALTESSE,

Le trés-humble & trés-obeïssant serviteur,
DE LA MARTINIERE.

NOMS DES VENTS SUR LA MEDITERRANÉE

LEVANTE
Levante Sirocco
Sirocco
Ostro Sirocco
OSTRO
Ostro Lebeccio
Lebeccio
Ponente Lebeccio
PONENTE
Ponente Maestro
Maestro
Tramont. Maestro
TRAMONTANE
Tramont. Grecco
Grecco
Levante Grecco

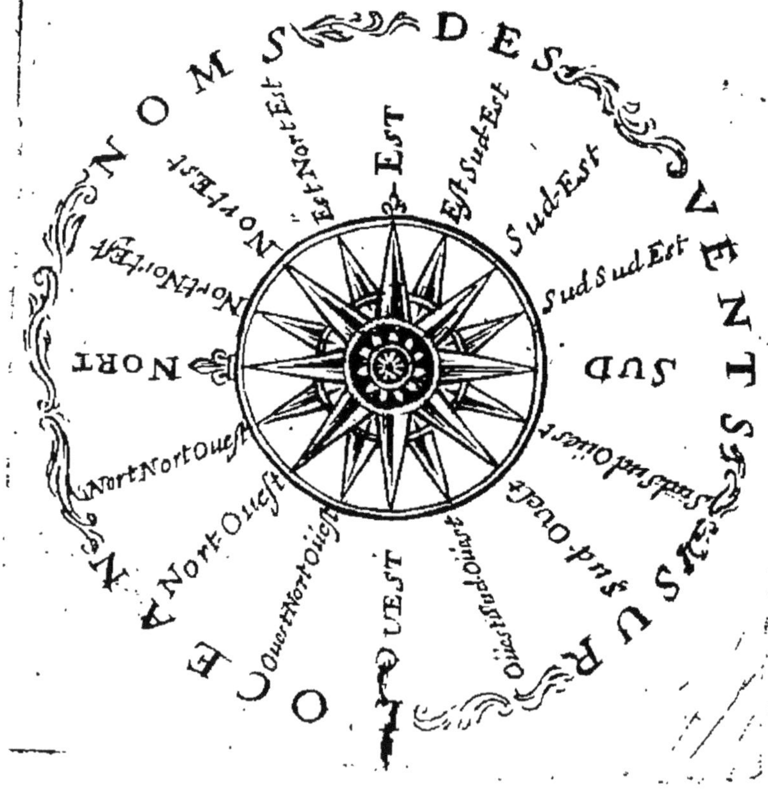

NOMS DES VENTS SUR L'OCEAN

EST
Est Sud-Est
Sud-Est
Sud Sud Est
SUD
Sud Sud Oüest
Sud-Oüest
Oüest Sud Oüest
OUEST
Oüest Nort Oüest
Nort Oüest
Nort Nort Oüest
NORT
Nort Nort Est
Nort Est
Est Nort Est

L'HEVREVX ESCLAVE.

CHAPITRE I.

Premieres aventures de l'heureux Esclave; & comme il s'engagea à Lisbonne pour aller aux Indes.

TOUT ainsi qu'un Pilotte ne peut par la suffisance de son Art adoucir la Mer, vaincre l'orage, ny maîtriser les ondes : Les Peres & Meres font souvent tous leurs efforts, mais en vain à ranger leurs enfans à leurs volontez ; Ce qui s'est rencontré en moy, qui dés l'âge de neuf ans, étant orphelin de pere, je quittay ma mere ſans prendre congé d'elle, prenant la route de Paris à Lyon, pour delà aller en Savoye voir de mes parens, en m'abandonnant au deſtin, qui me fit tomber, paſſant par Coſne ſur Loire, entre les mains d'un Capitaine des Troupes de Monſieur le Comte d'Arcourt, amy de mon pere, qui un jour m'ayant trouvé faiſant le poil à un de ſes Soldats, Irlandois de Nation, avec un *Fleſtrin*, qui *eſt un de ces Couſteaux fermans de Foreſt, qui ſe vendent ſix liards à Paris*, l'obligea de commander à ſon Chirurgien de tâcher de m'apprendre ſa vacation, ſi faire ſe pouvoit, m'y reconnoiſſant y avoir inclination: Ce qu'il fit ſi bien, que pendant le quartier d'Hyver, il m'apprit les noms de toutes les parties du corps, tant internes qu'externes, ceux des Arteres & des Veines; & dans la campagne où nous fûmes en Catalogne, me rendit capable de penser toutes especes de playes: Si bien que sur la fin de la campagne, un Capitaine d'Infanterie Espagnolle, ayant esté pris prisonnier, blessé au bras d'un coup de pistolet, dont la balle luy avoit passé au travers du Muscle Biceps, auquel luy ayant mis le premier appareil, & pour être prisonnier du Capitaine avec lequel j'étois, qui le fit loger dans sa tante, où il demeura quinze jours, aprés lesquels il fut rendu en échange pour un Lieutenant de nôtre Regiment pris des Espagnols: Pendant laquelle quinzaine l'ayant pensé & guery, cela me garenti l'année suivante d'être mis dans une Tour à Taragone, où l'on me menoit avec quatre ou cinq cens autres prisonniers François pris à la Bataille de Lerida. Ce que voyant, le Capitaine Espagnol qui me reconnu, fit si bien, qu'il m'eût à sa garde, me mena à Madrid, où nous ſejournames un mois entier, puis partîmes pour aller à Tolede. d'où il eſtoit; où y ayant demeuré ſix ſemaines ou environ, je le priay d'avoir la bonté de me faire donner un Paſſe-port pour aller en Portugal, pour delà revenir en France dans quelque Vaiſſeau, ce qu'il me promit, & dés là même journée obtint du Gouverneur ce que je deſirois, qu'il me donna avec trente pieces de huict, qui valent prés de quatre-vingts livres de nôtre monnoye; & dés le lendemain trouvant un batteau preſt à partir pour aller à Alcantara, je me mis dedans, aprés avoir pris congé de mon Capitaine, & remercié des graces qu'il m'avoit faites. D'Alcantara je fus à Liſbonne; où là je fus débauché par des François pour aller avec eux aux Indes Orientales dans un Vaiſſeau Portugais, où j'y entray en qualité de Chirurgien, n'y en ayant point.

CHAP. II.

Embarquement de l'Heureux Esclave dans un Vaisseau Portugais, & de sa prise par les Corsaires de Salé.

QUINZE jours aprés ou environ que je me fus engagé au Capitaine du Vaisseau Portugais : Ayant toute sa Charge, je m'embarquay dedans avec les autres ; & ayant levé l'anchre sur le midy, sortimes du Port, & cinglâmes en pleine Mer, à la faveur d'un vent d'Est, prenant nôtre cours à l'Ouest. Nous vogâmes le reste de la journée, la nuict & le lendemain avec le mesme vent, qui pour nous estre favorable, nous rendoit tout joyeux, jusques vers Soleil couchant, que nôtre joye se tourna en crainte, lors que nôtre Pilote apperceu de loing vers l'Est,

Nord-Eſt, une Eſcadre de ſix Vaiſſeaux, venans vers nous à pleins voiles, qu'il reconnut, tant par la ſtructure des bâtimens, que pour n'avoir ny Pavillons, ny Bannieres être Corſaires de Salé. Nôtre Capitaine voyant que nous ne pouvions éviter leur approche, prend reſolution de ſe bien defendre ; pour cét effet fit mettre la Chaloupe en Mer, afin qu'elle n'embaraſſa pas ſur le Tillac, nous encouragea tous, nous remontrant qu'il nous faloit genereuſement combatre pour éviter l'eſclavage, puis fit faire la priere, aprés laquelle il fit boire à tous deux grands verres d'excellent vin, mit à chaque canon un Conétable & deux compagnons, donna à tous un mouſquet, une bandoüilliere, de la poudre, des balles & de la méche, fit planter le Pavillon rouge ſur la Poupe, fit broüiller le grand Pacfi, vogans doucement avec les autres voiles, pour faire connoître que nous étions dans la resolution de nous bien defendre, si l'on nous attaquoit, tous paroissans sur le Tillac en bon estat : Ce que voyant nos ennemis qui nous approcherent le jour finissant à la portée du Canon, n'avancerent pas plus prés, pretendans nous surprendre la nuit, en nous suivans.

Nôtre Capitaine, outre qu'il fit redoubler la garde, le temps étant beau & serain, demeurans tous sur le Tillac, la Lune luisant fort, donnant de la clarté comme en plein jour, obligea nos ennemis, voyans que nous ne dormions pas, attendans l'heure du choc pour les recevoir, d'envoyer une Chaloupe vers nôtre Navire, nous sommer de leur livrer, & ce qui estoit dedans d'amitié, & qu'ils nous mettroient aux plus prochaines côtes des Chrétiens.

Nôtre Capitaine qui estoit fort courageux, répondit à celuy qui luy parloit, qu'il se garderoit bien de faire un tel marché, & qu'il retourna dire à ceux qui l'avoient envoyé, que s'ils venoient pour nous attaquer, qu'il leur feroit sentir la vertu de nôtre poudre & la force de nos bras : Aprés laquelle réponse, la Chalouppe retourna. Nôtre Capitaine jugeant bien que l'on nous alloit venir attaquer, nous encouragea encore derechef, nous remontrant que quoy que les Corsaires tinsent leur parole, ce qu'ils font rarement, il ne pouvoit accepter leur proposition, attendu qu'ils ne nous pouvoient mettre à terre qu'aux côtes d'Espagnes, d'où nous n'étions à pas plus de vingt milles, où nous y serions mal-traittez & arrêtez prisonniers, & n'aurions nôtre liberté qu'en payant nôtre rançon, la haine êtant grande entre le Portugais & l'Espagnol, y ayant forte guerre entre eux ; que partant, pour éviter l'esclavage, il faloit nous defendre, employant pour cet effet toutes nos forces.

Pour nous faire combattre avec plus d'ardeur, il fit boire à tous un bon coup d'eau de vie, & un quart d'heure aprés, voyant venir ces Corsaires vers nous en ordonnance pour nous entourer, frappa du pied sur le Tillac, afin que les Canoniers ouvrissent les Saborts, missent les canons dehors, & donnassent feu, ce qu'ils firent si bien, qu'vne de nos bales, ayant percé à un de ces Corsaires son grand voile, & attrapé le milieu du grand Mast, le rompit; si bien, que tombant de lez dans la Mer, il fit renverser le Vaisseau & couler à fond; ce qui nous réjouït, quoy que nous eussions receu trois coups de canons dans le flanc du nôtre, qui avoient fait trois trous, qui furent bien-tôt rebouchez par nos Charpentiers & Calfeutreurs.

Nous croyons en étre quitte, voyans la perte que nous venions de faire à nos ennemis, croyans que cela les feroit retirer, mais nous fûmes trompez; car les cinq restans ayans mis leurs Chaloupes en Mer pour sauver ceux qu'ils pourroient. Dans ce temps, nous mîmes nôtre Vaisseau en pane pour nous en aller, mais nous fûmes suivis de ces Corsaires, sans approcher de si prés qu'ils avoient fait, nous canonans de telle sorte pendant 5 heures, qu'ils fracasserent une grande partie de nôtre gallerie, emporterent nôtre mast d'Artimon, lequel tombant, si nos Matelots n'en eussent coupez promptement les grands & petits Estais, & les autres cordages, nous aurions coulé à fond.

Nôtre Vaisseau prenant eau par les trous que les Canons des Corsaires y avoient fait, nôtre Charpentier ayant esté tué; & appercevans aussi deux autres Vaisseaux Corsaires qui venoient de renfort à nos ennemis, nous fûmes obligez de nous rendre, mettant les armes bas, dévalans la grande rade sur le Tillac, & ôtans le drapeau de la poupe, en mîmes un blanc, pour marquer que nous leur cedions.

CHAP. III.

Traitement que firent les Corsaires de Salé aux Esclaves pris dans le Vaisseau Portugais, & comme ils furent vendus.

LES Corsaires voyant par ce que nous avions fait, que nous demandions quartier, & qu'avec nos chapeaux nous faisions encore signe qu'ils nous vinsent querir, nôtre Capitaine & nôtre Pilotte s'estans mis déja dans nôtre esquif, s'allant rendre vers un de ces Vaisseaux pour éviter de couler à fond dans le nôtre, tous cinq envoyerent leurs Châloupes pour nous prendre; je sauté dans une avec une douzaine d'autres, nous rendans esclaves. Si tôt que nous fûmes à leur puissance, ils nous foüillerent, nous prenant tout ce que nous avions dans nos poches.

Je ne fus pas plûtôt entré dans le bord de celuy à qui étoit la Chaloupe, que je vis perir nôtre Vaisseau, sans que ces Corsaires en pussent tirer que les Hommes sains, plus de vingt blessez si êtans noyez, pour n'avoir pû sauter dans les Chaloupes, ni nager.

Estans montez sur le Tillac, l'on nous fit descendre au fond de calle pour y être enchainez.

Par un bon-heur pour moy, le Chirurgien de ce Vaisseau ayant esté tué dans le combat, le Capitaine demanda si parmy nous il n'y avoit pas un Chirurgien.

Sçachant que je ne pouvois éviter d'être declaré tel, je dis que je l'étois: Considerant ma jeunesse, croyant que je n'étois que barberot, me demanda si nôtre Chirurgien avoit esté tué, ainsi que le sien; je luy répondis que non, puisque j'êtois encore en vie; celuy qui m'avoit foüillé luy declara qu'il m'avoit pris mon étuy, & qu'il faloit que je fusse sans doute le Chirurgien du Vaisseau; ce qui empescha que l'on ne me mit au cep avec les autres, ayant la liberté d'aller par le Vaisseau, dans lequel je pensay environ quinze blessez tant Soldats que Matelots: Comme nous étions encore de reste quelque cent trente, ces Corsaires prirent la route de Salé, avec le vent qui nous êtoit fort favorable; ce qui fit que le lendemain de relevée nous entrâmes dans la Bare avec la marée, & débarquâmes au Port de la nouvelle Ville, qui est la retraitte des Corsaires; & delà ayans esté conduits à l'*Alcassave* ou *Château*, l'on nous mena dans la grande *Masmore* ou *Prison*, où là nous fûmes receus des anciens Esclaves avec ces paroles, *Nous sommes fâchez freres de vôtre infortune, aussi bien que de la nôtre; mais puis que Dieu le veut ainsi, vous faut prendre patience, & le prier qu'il nous donne bien-tôt la liberté*, nous enquétans comme nous avions esté pris, des nouvelles d'où nous venions, & de quel païs nous étions les uns les autres. Les Armeurs nous envoyerent à tous un petit pain & de l'eau dans des cruches.

Le Capitaine corsaire à qui j'avois servi de Chirurgien, à la place du sien qui avoit esté tué, me gratifia d'une grande éculée de ris cuit, avec de la viande & du pain, suffisamment pour quatre, qu'il m'envoya par un Renegat François; ce qui m'obligea de prier mon Capitaine Portugais & le Pilote d'en manger leur part, ce qu'ils accepterent ; & afin que nôtre repas en fut plus considerable, quoy qu'ils n'eussent point d'argent, ils trouverent le moyen d'avoir trois boccals de vin, que nous bûmes; & ensuite nous nous mîmes l'un contre l'autre, couché par terre sur le pavé entre d'autres miserables, si plains de vermine, que le lendemain dés la pointe du jour m'ayant mis à tuer ceux que j'avois gagné, à peine à dix heures avois-je fait, que le Capitaine Corsaire qui m'avoit envoyé à soupé, me vint querir pour me mener chez luy, me prenant à sa garde jusques à ce que l'on me vendroit avec les autres, qui fut deux jours aprés, que l'on nous mena au grand *Marché*, nommé des Maures *Bazar*, où là l'on nous fit tous asseoir en rang les uns contre les autres. Cette place étant large & quarrée, au milieu il y avoit un Maquignon, qui nous devoit vẽdre, ayant un gros bâton à la main, qui se promenoit, en nous montrant à ceux qu'il voyoit qui avoient envie de nous acheter, leur faisant entendre que nous estions fort riches, quoy que tous se disoient pauvres Soldats, les autres Matelots infortunez, à la reserve du Capitaine, du Pilotte & de moy, que nous sçavions être connus pour qui nous êtions, quoy que tous fussent les uns Gentils-hommes, & les autres Marchands, à la reserve d'une trentaine.

Un Gentil homme Portugais, âgé de trente cinq ans ou environ, me montrant une petite loupe qu'il avoit sur la main, qu'il me faisoit entendre être un nœud de goutte, se plaignant d'être fort tourmenté de ce mal, qui luy prenoit souvent, me disant avoir encor d'autres infirmitez, comme difficulté de respirer, opilation de rate, douleurs de côtez & de tête, soupirant, me faisoit ce recit en Espagnol assez haut, pour être entendu

entendu des acheteurs, pour tâcher d'être donné à vil prix, afin que son rachat en fût moindre; ce que reconnoissant le Maquignon qui êtoit là pour nous vendre, le prit de la main gauche par la manche, luy disant, *sursa cané traditor vena*, qui veut dire, *leve-toy chien de traistre & viens*, ne se levant pas assez viste, il luy donna trois ou quatre coups de bâton sur les épaules pour l'aider.

Ce pauvre Gentil-homme se plaignant au Maquignon du traitement qu'il luy faisoit, & n'allant pas vite comme il le vouloit, pour le rendre plus dispos, luy donna encore cinq ou six coups de bâton, luy disant, *cané pero, non tener fantasia presto*, qui veut dire, *chien de pendart, ne tient pas ton caprice, mais va viste*; Falu à ce compliment reconnoissant le naturel barbare de ces homme, pour éviter d'autres bâtonnades, qu'il marcha d'un pas allegre, lequel tenant sa gravité, fut vendu comme Gentil-homme, quoy qu'il ne vouloit passer que pour Soldat de fortune, fils d'un pauvre Villageois, ainsi qu'il le disoit aux acheteurs qui le marchandoient.

Dix ou douze ayans esté vendus aprés ce Gentil-homme, qui tous avoient eu des coups de bâtons du Maquignon, les uns plus, les autres moins pour avoir fait les piteux, & ne s'être pas montrez agilles. Venant à mon tour, pour éviter pareil traittement, le Maquignon me voulant prendre, je me levay si diligemment, & me promenant dans la place, criant, *Arrache, Arrache*, qui veut dire, *à combien, à combien*, ou *à qui en offrira le plus, à qui en offrira le plus*; il n'étoit pas plûtôt tourné du côté qu'il desiroit, que je l'étois aussi, suivant sa volonté, regardant celuy qui me marchandoit hardiment, sans faire paroître trop grande tristesse dans mon visage;

Ce qui faisoit qu'êtant bien couvert & jeune, si chacun n'eût sceu que j'étois le Chirurgien du Vaisseau pery, ne faut douter que le Maquignon ne m'eut fait passer pour fils unique du Roy Gillemot; disant de tous ceux qui avoient quelque peu d'apparence, que les uns étoient nepveux du Roy de Portugal, les autres cousins, les autres Chevaliers, les autres personnes de qualité, possedans de grands biens en leur païs, jusques même aux Matelots, qu'il disoit être tous Marchands ainsi vétus, ayans changez d'habits pour être moins vendus; Si bien qu'à l'entendre, la perte du Vaisseau que nous avions coulé à fond, les autres dégats que nous avions faits à ces Corsaires, & la perte de nôtre bâtiment aussi, n'étoit rien au prix de nous, dont on devoit tirer de nôtre rachapt plus de dix milions.

Comme tous ceux qui sont pris

par ces Corsaires sont ainsi prisez, quand on les vend, fait que les acheteurs ne s'arrêtent pas à ce que disent ceux qui les vendent, regardans à la phisionomie & aux mains, si on est de travail ou non.

Le Capitaine Corsaire auquel j'avois servy de Chirurgien à la place du sien que nous avions tué, en ayant besoin d'un, me mit à deux cens patagons : Comme l'on vid, qu'il vouloit m'avoir, nul n'oza encherir sur luy, à cause qu'il étoit un des plus respecté de la Ville. Si bien, qu'ayant fait deux tours de marché, je fus declaré son esclave, & mis du côté des achetez, le Maquignon me faisant une marque à mon chapeau du prix qu'il m'avoit vendu.

La vente étant faite, nous fûmes menez à l'Alcassave, où l'on nous mit dans une grande salle; d'où quatre heures aprés, l'on nous fit sortir à la file dans une courr, pour être veu des principaux Officiers & interessez : Il y en eut bien le tiers qui furent remenez dans la Masmore, les autres livrez à ceux qui les avoient achetez, ainsi que moy, qui m'en allay avec mon Patron en sa maison; où y étant, me fit bien dîner, & me dit que si j'étois joly garçon, que je le servisse bien, qu'il me donneroit la liberté plûtôt que je ne l'esperois, reconnoissant par cét offre, & le bien qu'il m'avoit déja fait, qu'il n'étoit pas si méchant que son nom le portoit, s'appellant *Capoutan Chetier Deli*, qui veut dire, *Capitaine George le Diable.* Je le remerciay bien humblement, & luy promit de luy être tout à fait obeïssant & fidel; & aprés avoir dîné, me fit mettre par un Serrurier un petit cep au pied droit & une chaine, le tout pesant une livre au plus.

CHAP. IV.

D'un voleur d'Esclaves qui fut empalé à Salé.

QUINZE jours aprés que je fus vendu, je fut voir avec mon Patron executer un Maure, natif & habitant de la méme ville de Salé, au grand Bazar, où j'avois esté vendu; où au milieu étoit mis en terre une grosse piece de bois haute de trois pieds, qui étoit creuse, & tout contre une espece de potence de la hauteur de deux Hommes, au haut de laquelle étoit un poulie, où étoit passé une grosse corde, le patient étant emmené là, il y fut dépoüillé tout nud, & attaché par dessous les aisselles. Cependant que l'on le dépoüilloit, deux autres faisoient chauffer le bout d'un fer, qui étoit par le bas gros comme le gras de la jambe, allant en se rapetissant en pointe jusques au haut crané depuis le milieu jusques au bas, étant de la hauteur d'un Homme & demy ; si-tôt qu'il fut rouge, il fut emboité dans la piece de bois creuse, & en méme temps le patient fut tiré en haut, puis lâché, afin qu'il tomba droit sur la pointe du fer, pour en être transpercé. Dans ce méme temps, deux luy ayant pris les jambes, le receurent si bien, & l'écarterent de telle sorte, que la pointe du fer luy entra par le milieu du fondement à travers du corps, sortant dehors de la longueur d'un pied vers l'épaule. J'apris que c'étoit un voleur qui attiroit avec trois autres les Esclaves de ses voisins, dans une maison qu'ils avoient hors la Ville, où là ils les enfermoient, & en ayans cinq ou six, les menoient nuitamment à Maroc, à Fez, à Tetuan, & autres lieux, où ils les vendoient à gens de dehors ces Villes ordinairement, pour n'être point reconnus : Mais à la fin ils furent découvert ; celuy-là ſeul ayant été attrapé, les autres s'étans échapez pour éviter un pareil traitement, comme voyé en la figure ſuivante. Cet Homme étoit fort, robuſte & grãd, de mauvaiſe mine, ayant le regard felon ; il étoit dans une telle rage, qu'étant ainſi embroché comme un coq d'Inde,

heurlant comme un chien. Il s'égratignoit le visage du côté que le pal ne passoit pas, avec tant de courage, que la peau en étoit arrachée, s'ôta un œil de la tête, & demeura ainsi en vie trois jours entiers.

CHAP. V.

Du traitement qui fut fait à un Esclave François à Sallé pour avoir pissé contre une muraille.

M'EN retournant avec mon Patron au logis, je vid un nouveau Esclave François de ceux qui avoient été vendus avec moy, pissant contre une muraille; ce qu'apercevant mon Patron & un autre Maure, luy furent donner chacun un coup de poing par le visage, & deux ou trois coups de pieds au cul, luy disant, *Belec Chupec cané*, qui veut dire, *retire-toy vilain chien*. Tombant par terre, un autre luy donna encore plusieurs coups de poings & de pieds. La multitude des Maures qui s'amasserent en moins de rien, faisant grand bruit, fit sortir le Patron de son logis pour voir ce que c'étoit; d'abord chacun luy montre le lieu où avoit pissé cet Esclave; ce qui l'irrita de telle sorte, que prenant le bâton d'un qui l'avoit en sa main, en chargea le pauvre Esclave sur le dos, sur la tête & sur les bras, tant qu'il pouvoit, luy disant, *Chupec cané fertas*, qui veut dire, *vilain chien de tigneux*, ne pouvant proferer d'autres paroles, tant il étoit emporté de colere; & n'eût été mon Patron qui luy arrêta le bras, excusant l'Esclave, luy remontrant qu'il étoit sauvage, c'est à dire qu'il ne sçavoit pas la maniere de vivre du païs, sans doute il l'auroit assommé. Estant nouveau aussi bien que y, je ne sçavois pourquoy on le itoit ainsi; mais je le devinay lors que je vid apporter deux grandes cruches d'eau, qui furent jettées contre le lieu où il avoit pissé pour le laver, afin d'en ôter la polution, les Mahometans croyans qu'il n'y a point de plus grande infamie que de pisser contre la muraille, cela n'appartenant qu'aux chiens & non aux Hommes; aussi n'ay-je veu aucun autre faire cette action en Barbarie, pendant trois ans que j'y été Esclave.

CHAP. VI.

Embarquement de l'Heureux Esclave avec les Corsaires de Salé, de l'attaque qu'ils firent à un Vaisseau Anglois, qui les repoussa jûques dans leur Havre, aidé de deux Espagnols.

HUIT jours aprés l'execution de ce voleur d'Esclaves, il se

fit un armement de six Vaisseaux, dont mon Patron fut de la partie pour aller pirater. Je m'embarquay avec luy en qualité de Chirurgien. Estans sortis de la Barre, nous prîmes la route des côtes d'Espagne poussez par un vent de Sud, & dés la même journée sur le midy, battans la Mer, prîmes une Barque Espagnolle, dans laquelle il y avoit vingt passagers, que l'on mit à la chaine dans nôtre Vaisseau. Le lendemain une heure aprés la diane, avisans de loin une fuste Françoise vers le Sud-Sud-Oüest, nous fûmes aprés avec tant de vitesse, nos Vaisseaux étans fort legers, & nouvellement spalmez, que nous l'attrapâme sur le soir, s'étant rendu sans se defendre, les gens qui se trouverent dessus furent mis à la chaine, à la reserve d'une demie douzaine de Matelots pour la mener, & on mit avec eux quelque cinquante Soldats & un Capitaine pour la commander. Ces deux prises, quoy qu'assez considerables, ne contentant pas ces Corsaires, desirant faire encor quelque capture avant que de s'en retourner, nous fit prendre la route de Cadis, où à sa veuë trois jours aprés, ayans commancé de donner la chasse à un Vaisseau Anglois, l'approchâmes à la hauteur de Saint Lucar, à la portée du canon, l'ayant fait sommer de se rendre, à quoy n'ayant voulu entendre, nous obligea d'entreprendre de l'attaquer. Pour cét effet étant mis en ordonnance, alâmes à voiles tendus pour l'enlever; mais le Pilote & le Timonier par leurs adresses, firent tourner si diligemment leur Vaisseau, aidez d'un quart d'Est, qu'ils nous mirent en telle confusion, qu'à deux des nôtres fut rompu le gouvernail, & à un autre le bout de l'Eperon, pour avoir heurté les uns contre les autres; & dans le méme temps, l'Anglois tirant de babord & destiebord, étant dans la mélée, nous rompit nôtre mast davant, & tua si grand nombre de Corsaires, que deux tomberent sur moy, qui étois appuyé sur le Cabestan, qui ne me donna pas peu de crainte: Mais j'en eu bien d'avantage, lors que je vid un éclat de nôtre bord passer par dessus ma tête, cassant les deux jambes à un pauvre Matelot, esclave Chrétien, & une décharge de mousquetterie, qui en renversa beaucoup sur le Tillac: Ce qui augmenta les cris & heurlemens des Corsaires, & nous fit à tous virer les voiles, appercevant de loin deux grands Vaisseaux de guerre, reconnus par les Banderolles étre Espagnols, qui venoient au secours de l'Anglois, faisans volte face, ce que voyant l'Anglois, nous donna la chasse à son tour.

Ne restant sur la fuste Françoise pas plus de quinze Corsaires, les autres ayans été tuez, les Canoniers aussi bien que les Matelots étans Chrétiens, pour se delivrer de l'esclavage, voyant l'avantage de l'Anglois, & le renfort qui luy venoit, tournerent la bouche de deux canons qu'ils avoient chargez de cartetouches de la proue vers la poupe, où étoient tout le reste de ces Corsaires, & y ayant mis le feu, les tuerent tous, à la reserve de quatre ou cinq que je vid qu'ils tuerent de leurs propres cimeteres; & quoy que peu, n'étant au plus que quatorze ou quinze, pour faire connoître leur courage, afin de seconder l'Anglois, à qui ils avoient l'obligation de leur liberté, nous poursuivirent aussi sans crainte d'être repris & remis à l'esclavage. Peu aprés les deux Vaisseaux Espagnols les ayans joints, voyant qu'ils étoient trop foibles, les renforcerent de plusieurs Soldats, que je vid entrer dans leur Fuste. Nous ayans poursuivis toute la journée de fort prest : Nous pretendions nous échaper d'eux à la faveur de la nuict, & d'un vent de Nord Nord-Est ; mais voyans par la clarté de leurs fanals qu'ils nous poursuivoient ; & le lendemain étant jour, les voyans encor à nos trousses, nous tendîmes tous nos voiles, cinglans vers Salé, les deux Vaisseaux Espagnols, l'Anglois & le François aprés ; de sorte que nous ne pûmes si bien faire, étans à la rade, que nous ny fumes attaquez, & perdîmes un Vaisseau, qui fut coulé à fond, & deux autres qui furent pris, n'ayant pas pû entrer dans le Havre, la Mer se venant de retirer lors que nous y arrivâmes, & revenant aprés deux heures de combats, nous y entrâmes avec les deux autres Vaisseaux & la Barque qui s'étoit conservée, non sans porter les marques des Espagnols, des Anglois & des François.

CHAP. VII.

Rembarquement de l'heureux Esclave avec les Corsaires de Salé, & de la prise d'un Vaisseau Hambourquois.

MON Patron ayant fait racommoder son bâtiment, qui avoit été fort endommagé, prit resolution quatre jours aprés avec les deux autres Capitaines des Vaisseaux, qui étoient échapez de la fureur de l'Anglois, Espagnols & Esclaves revoltez, de retourner en Mer, chercher & attraper quelque chose, pour recompenser la perte qu'ils avoient fait. S'étans embarquez & moy avec eux, nous sortîmes du matin du Port avec la Marée, & un vent de Sud Sud Oüest. Prenant la route de Portugal où est l'abord de quantité de Vaisseaux Marchands de diverſes nations. Ayant vogué cinq jours entiers en Loviant, ſans avoir pû rien rencontrer, le ſixiéme vers le midy appercevant de loin vers le Cap de S. Vincent trois Navires qui ſe battoient, ſçavoir deux contre un, nous faiſant juger que les deux qui attaquoient étoient Corſaires de Barbarie, & celuy qui étoit attaqué Chrétien, qu'ils vouloient prendre. Afin d'avoir part au Navire Chrétien, ſi on le prenoit, pour en faciliter la priſe entrant de renfort avec les attaquans, ayans fait bander tous les voiles chaſſâmes droit vers eux, pouſſez d'un vent de Sud-Oüeſt: Eſtans proche nous reconnûmes que les deux attaquans étoient Pinques de Salé, prêtes à ſe retirer, à cauſe que le Navire attaqué, que nous reconnûmes être Hambourquois les venoit de ſi mal-traitter, qu'il en avoit abbatu d'une, une partie de la chambre du Capitaine, fendu le mast de Mizaine, & coupé presque tous les cordages, & déchiré les voiles d'une décharge de leurs canons, chargez de barres de fer; ce qui obligea mon Patron pour en prendre vengeance de faire mettre tous les canons de sa carraque d'un côté, & cinglant vers l'Hambourquois, se tenant sur le pont le sabre à la main, les manches retroussées jusques au coude, tous ses Soldats de même passant ainsi pardevant, il luy fit une telle salve, que plus de dix tomberent morts sur le Tillac, bien autant furent blessez, & une balle de six livres ayant pris un coin du mast d'Artimon l'éclata, cela n'empêcha pas qu'il ne nous répondit de douze pieces de canons qu'il avoit, & d'une salve de mousquets, qui ne fit autre mal que d'avoir tué deux Corsaires, & cassé le bras à un pauvre Matelot esclave chrétien. Mon Patron voyant qu'il avoit gagné le dessus du vent à l'Hambourquois, le fait ſaluer d'une autre décharge de canons, qui luy emporterent tout le haut de ſa prouë, & percerent la plûpart de ſes voiles d'embas, couperent la plûpart de ſes cordages, tuerent quelques Matelots qui étoient ſur le Tillac, le reſte êtant deſſous. Mon Patron voyant que l'Hambourquois ne mettoit pas ſon artillerie en beſogne pour ſe defendre, jugeant par là qu'il n'avoit plus de poudre, l'approcha de ſi preſt, qu'il l'accrocha, ſauta dedans le ſabre à la main avec tous ſes Soldats, les Hambourquois ſe voyans pris, voulurent repouſſer les Corſaires avec des demies piques, mais il falut qu'ils cedaſſent à la force, aprés en avoir tué trois ou quatre, & bleſſé une dixaine.

CHAP. VIII.

De la prise d'un Vaisseau Hollandois par les Corsaires de Salé.

SI tôt que mon Patron se fut rendu maître de ce Vaisseau, il en fit jetter les morts & les desesperez en mer, les autres furent transferez dans sa caraque pour y être mis à la chaîne, & fit mettre cinquante soldats Maures sur ce Vaisseau, son Lieutenant pour le commander, des Canoniers anciens esclaves, un autre Pilote, & un timonnier, que ceux qui y étoient qu'il avoit fait aussi mettre à la chaine, ayant fait demeurer les Matelots pour gouverner les voiles, puis reprimes la route de Salé avec un vent de Nord Est; d'où en étans à environ trente lieuës, le lendemain vers le midy appercevant vers l'Oüest en pleine mer un grand Vaisseau, que nous reconnûmes être Hollandois. Nous fûmes aprés avec tant de vitesse, pour être tous bons voilliers, que nous l'attaignimes deux heures aprés : Nous appercevant vers luy, & connoissant que nous êtions Corsaires, se fiant à la force de son canon, dequoy il en êtoit monté de vingt huit pieces, toutes de fonte, nous attendit à voiles broüillées, voyant qu'il ne pouvoit éviter nôtre approche, pour être plus lourd que nous. Mon Patron qui êtoit un Homme fort rusé & adroit à la marine, aussi bien qu'hardy, ayant tenu conseil avec les autres sur la grandeur du bâtiment, de la hardiesse de celuy qui le commandoit, & sur la quantité des canons dont il êtoit monté, conclud qu'il seroit difficile de le prendre, si ce n'êtoit par l'accrochement. Quelque difficulté se rencontrant pour executer cette entreprise, chacun de ses Corsaires ayant crainte de sa peau; mon Patron s'offrit d'y aller des premiers; ce qu'il fit, ayant fait tendre tous ses voiles pour ce sujet, les autres allans avec luy d'ordonnance. L'Hollandois appercevant l'animosité de nôtre approche. Etans fort proche de luy, il deploya tous ses voiles pour éviter l'accrochement; ce qui troubla un peu ces Corsaires, qui se desordonnerent par ce changement impreveu; ce qui n'empescha pas qu'il ne fut salué des canons de nôtre Vaisseau, & d'un autre, à quoy il répondit des siens. Les Corsaires étans beaucoup plus legers que l'Hollandois, il ne leur fut pas difficile de luy ôter le vent: Ainsi l'ayant entouré, il ne pût eviter l'accrochement du Vaisseau de mon Patron, & d'un autre; & si tôt tous ces Corsaires se jettans dedans, le sabre à la main, y en ayant bien déja cent cinquante, ils furent ſaluez de deſſous le Pont d'une decharge de mouſquets, qui en tua bien une ving-taine. Le Capitaine ayant devant la porte de ſa chambre une piece de canon chargée de cloux & balles de mouſquets, y donna le feu, & en tua plus de vingt, & bleſſa plus de trente, dont mon Patron fut bleſſé à la cuiſſe. S'il n'y eût eu que nôtre Vaiſſeau & l'autre qui l'avoient accrochez, il s'en ſeroit bien deſacroché, même fait perir; mais les autres étans ſi preſt, qu'alans de Vaiſſeau à autre, ils renforciſſoient les premiers, & étans jettez des grenades dans le fond de cal, eſt ce qui obligea tous ceux qui étoient dedans de mettre bas les armes, & de crier qu'on leur ſauva la vie; ce qu'entendant le Patron, voyãt ſon Vaiſſeau chargé de Corſaires, allant pour entrer dans ſon Arſenal avec un bout de méche allumée, pour mettre le feu à la poudre, afin de leur ôter l'honneur

neur de la prise de son Vaisseau, le faisant sauter & ceux qui l'avoient accrochez, il fut empesché par deux Matelots des siens de faire cette action, qui m'auroit coûté la vie aussi bien qu'à eux, & à plusieurs autres par le feu ou par l'eau, ceux qui n'auroient pas été brûlez ayans été noyez.

CHAP. IX.

Traitement que les Corsaires de Salé firent aux nouveaux Esclaves pris dans les Vaisseaux Hambourquois & Holandois.

LES Soldats Corsaires ayans fouillé tous ceux qu'ils trouverent dans le Vaisseau Holandois, aussi bien que ceux qui furent trouvez dans l'Hambourquois, & pris ce qu'ils avoient dans leurs poches, furent mis à la chaîne dans un autre Vaisseau que le nôtre, où ils y furent en repos tant que l'on eut mis tous les Vaisseaux en ordre. Reprenant la route de Salé, le vent nous venant à manquer, ayant un calme plat, mon Patron ne sçachant que faire, desirant sçavoir la qualité des Esclaves qu'il avoit dans son bâtiment, se fit amener un jeune garçon d'environ dix ou onze ans, que les autres avoient embouchez & defendus de dire qui ils étoient: Il luy fit demander par un renegat de sa même patrie, qui il étoit, qui étoit son Pere, & qui étoient ceux qui étoient avec luy ; d'abord il dit, qu'il étoit un pauvre garçon, qui n'avoit ni pere ni mere, que les Matelots avoient pris pour avoir soin du feu, qu'il ne connoissoit qu'eux. Luy ayant demandé qui étoit le Capitaine, le Pilotte, le Chirurgien, & les autres Officiers du Navire ; ayant répondu qu'il ne les connoissoit pas, mon Patron reconnoissant qu'il mentoit, le menaça, que s'il ne disoit pas la qualité de chacun, qu'il luy alloit faire donner cent coups de cordes, qu'aprés il le feroit écorcher vif. Ces menaces ne luy faisant rien declarer, il commanda qu'on le dépoüilla, qu'on l'attacha à un mast pour luy donner les coups de cordes. Etant nud, se voyant attaché, sans attendre les coups, la crainte luy fit dire tout ce qu'on desiroit; ce qui le fit detacher & remettre avec les autres, qu'il montra, declarant ce qu'ils étoient. L'on menaça de la sorte un autre jeune garçon de son âge, pris sur le Vaisseau Holandois, fils du Timonnier, à ce que j'apris depuis, qui ne voulant pas declarer qui étoient les gens considerables & les Officiers, disant n'en connoître pas un, endura qu'on luy donna plus de trente coups de corde sur le ventre, sans rien confesser. Se levant un frais de Nord, nous tendîmes nos voiles, mais venant à s'arrêter tout court demie heure aprés, qui fâchant mon Patron, pour se divertir & les Officiers de son bord, fit ôter de la chaine un gros Allemand & amené sur le Tillac, où là il fut lié par dessous les aisselles à une grosse corde, longue de plus de soixante brasses, passée à une poulie à la vergue du mast d'Artimon, ayant été tiré jûques au haut par quatre Soldats, fut lâché en la Mer, tombant comme une boule sans se remuer, pour ne sçavoir nager, ils le retirerent promptement; ce qu'ils reïtererent cinq ou six fois pour le divertissement qu'il donnoit par les postures qu'il faisoit, toussant, crachant, se frottant le visage & les yeux, criant à gorge déployée, *Ach Gott erbar medich meiner*, qui veut dire: *Ha Dieu ayez pitié de moy.* Etant remené avec ses camarades, croyãt que ce n'étoit qu'un commancement de supplices qu'on luy devoit faire souffrir, leur dit, *Gut nacht lieben frunden bettet Gott vor mieh alle ich gehe ster ben*, qui veut dire, *adieu mes chers amis, priez tous Dieu pour moy, je m'en vay mourir.* Sur le soir il se leva un petit vent de Nord-Est, qui fit mettre tous les Vaisseaux en pane, cinglans vers Salé, où nous arrivâmes le lendemain du matin à la rade, & y demeurâmes jûques à ce que l'heure du flux vint, avec lequel entrâmes dans le Port, dont les bords étoient tout couverts de Maures, qui se réjouïssoient de la prise que nous avions faites de ces deux Vaisseaux. Etans débarquez je m'en allay au logis de mon Patron, où il m'envoya, allant avec les autres Officiers des Vaisseaux. Une bonne partie des Soldats, menerent les nouveaux Esclaves à l'Alcassave, où de là furent conduits à la grand Masmore, & deux jours aprés ils furent vendus au marché à la maniere accoûtumée.

CHAP. X.

Rembarquement de l'Heureux Esclave avec les Corsaires de Salé pour aller en course ; ce qui les obligea de quitter la Mer Oceane pour aller en la Mediteranée, & des ceremonies qu'ils firent passans le détroit de Gilbratar.

QUINZE ou seize jours aprés la vente des Vaisseaux Holandois & Hambourquois, des marchandises & des gens que l'on trouva dedans, & le partage fait, mon Patron prit resolution de mettre à la voile avec deux autres. Etans sortis du Port, en croisant vers les côtes d'Espagne, ayans été douze jours sans rien attraper, ils prirent resolution de quitter l'Ocean, & aller dans la Mer Mediteranée : Pour cet effet le vent étant de Nord Oüest, cinglerent avec vers Gilbrarar, où nous arrivâmes à l'emboucheure du détroit le lendemain à une heure de Soleil. Entrans dedans, l'Ecrivain de nôtre Vaisseau se mit à crier, élevant les yeux & les mains au Ciel, ces paroles, *La illah illellah Fila galib illellah, Illah illellah bir Iaradandam Mehemet Irret sul Allah*, qui veut dire, *il n'est qu'un seul Dieu, personne n'est puißant que Dieu, il n'y a qu'un seul Dieu, un seul Createur & Mahomet son Prophete.* Si tôt qu'il eût proferé ces paroles, il fit allumer quantité de chandelles de cire qu'il attacha sur tous les canons, à laquelle action tous les Mahometans se prosternerent, faisant leur priere accoûtumée, se lavans les parties honteuses, la bouche, les narrines, les yeux, la nuque du col, les pieds, les mains, puis la téte, tantôt gemissans, tantôt rians, tantôt faiſans la mouë, tantôt la grimace, ſe levant, ſe remettant à genoüil, allant, clochant, puis droit, ſoufflant autour d'eux, faiſant des ſignes & poſtures d'yeux, de tête, de bouche, de mains, de pieds, & des autres parties du corps, ſi crotesques, que cela obligeroit de faire rire le plus melancolique des Chrétiens; auſſi ne peus-je m'empeſcher d'en rire, me cachant la bouche avec la main, afin que nul ne l'apperceut.

Aprés un bon quart d'heure de priere, mon Patron ſe leva, prononçant quelque parole que je n'entendis pas, jettant une cruche pleine d'huile d'Olive, bien bouchée dans la Mer, que tous regarderent jetter, & continuerent encor leur priere un quart d'heure; aprés quoy tous ſe relevans, prononcerent tout haut ces mots, *Elhendu Lillahi*, qui veut dire, *gloire ſoit à mon Dieu*. Deux heures aprés nous paſſâmes ce détroit, qui

qui pour n'avoir que cinq lieuës de trajet, les Mahometans craignans la rencontre de quelque escadre de Vaisseaux Chrétiens, y font leur priere, & croyent que cette cruche d'huile est transportée à la montagne des Singes, qui est une des colomnes d'Hercules, où ils croyent qu'est un Saint de leur Marabou.

CHAP. XI.

De la prise d'une Tartane Espagnolle par les Corsaires de Salé.

ETANS entrez dans la Mer d'Espagne, croisans avec un vent d'Oüest Sud-Oüest, vers les Isles Fromentaires, rencontrâmes une Tartane d'Alicante, chargée de vin & de 14 Hommes, qu'un de nos Vaisseaux aborda & prit ſans reſiſtance, le vin en fut déchargé dans le Vaiſſeau qui l'avoit pris, & les Hommes mis à la chaine, à la reſerve des Matelots. Cette Tartane fut renforcie de deux pieces de fonte, outre deux pierriers, & quatre pieces de fer qu'il y avoit, & on y mit vingt Soldats pour ſervir de renfort ; ainſi de trois Vaiſſeaux nous fûmes quatre.

CHAP. XII.

Superſtitions des Corſaires de Salé pour connoître de leur bon ou mauvais progrez.

APRES la priſe de cette Tartane, ayans battu la Mer cinq ou ſix jours ſans avoir pû rien attraper, les Corſaires avec qui j'êtois, ayans envoyé leurs chaloupes vers les côtes de Valance pour mettre un des leurs tranſvertis en Eſpagnol, en ſçachant bien la Langue, pour découvrir quelque Vaisseau prest à faire voile, afin de luy donner la chasse, revint promptement, sur l'avis qu'il eut, que les Galeres du Roy Catholique étoient en Mer vers l'emboucheure de la Riviere d'Ebre, fretans le long des côtes pour attraper des Corsaires de Barbarie : Ce qui l'obligea de retourner promptement pour nous apporter cette nouvelle, laquelle nous fit reprendre la pleine mer avec un vent d'Oüest Nort-Oüest pour éviter leur rencontre.

La nuit étant venuë, la crainte ayant saisi en quelque façon mon Patron, & les autres Officiers de nôtre Vaisseau, pour sçavoir s'ils devoient se retirer ou continuer leur cherche, s'ils seroient heureux ou malheureux en la rencontre qu'ils feroient des Vaisseaux Chrétiens, si ils les poursuivoient ou non. L'Erivain fit mettre un grand cloux dans le feu, lequel étant rouge le retira avec des tenailles, & ayant fait asseoir tout ce qu'il y avoit de monde, tant Chrétiens Esclaves, Renegats, que Maures, nous fit à tous avec ce cloux une grande croix sous la plante des pieds, sans nous brûler, quoy qu'il approcha de fort prest la peau, proferant certains mots de l'Alcoran; & s'étant dépoüillé tout nud à la reserve de son caleson, se plongea dans la Mer avec six ou sept autres, & êtans remontez, mon Patron êtant sur le tillac se dépoüilla aussi tout nud, & se fit jetter sur la tête trois ou quatre sceaux d'eau, s'en lavant toutes les parties du corps, tous les Mahometans en faisant de même, proferant certaines paroles que je n'ay pû retenir. Je demanday à un ancien Esclave, qui êtoit Matelot, & qui avoit fait quantité de courses avec les Corsaires, pourquoy ils faisoient toutes ces ceremonies; lequel me dit, que le lavement êtoit pour effacer les pechez, & le signe de Croix en derision du Christianisme, priant Dieu qu'ils ne fussent pris des Chrétiens, mais qu'il luy plût les mettre entre leurs mains, ou les faire perir par eux; ce qu'ils pretendoient par la vertu des paroles qu'ils avoient prononcées, & de ce qu'ils avoient fait.

Chap. XIII.

De la perte que firent les Corsaires de Salé d'un de leurs Vaisseaux, coulé à fond par une Polacre Genoise.

Allans vers Sardaigne, à environ dix milles de Majorque, avisans un Brigantin, nous luy donnâmes la chasse, mais en vain, n'ayant pû si bien faire, qu'avec ses voiles & à force de rames, qu'il ne gagna l'Isle; d'où n'ozant approcher, nous fûmes obligez de tenir la Mer. Deux jours aprés sur le soir avisans de loin un Vaisseau seul, qui tenoit nôtre route, fumes aprés : Comme il est facile au Berger de reconnoître un loup d'entre les brebis, quoy qu'il soit couvert d'une peau pareille à elles; aussi le Pilotte de ce Vaisseau, qui êtoit une Polacre Genoise, voyant la chaleur de nôtre approche, quoi que mon Patron & les autres eussent arborez le pavillon d'Espagne, afin que l'on ne se méfia pas de nous ; & par la garbe de nos bâtimens reconnoissans que nous étions Corsaires de Barbarie, déploya tous ses voiles pour fuïr; mais il ne put si bien faire, allant aprés, luy donnant la chasse, qu'un des nôtres ne l'approcha, qui le salua de seize pieces de canon, dont il êtoit monté, qu'il avoit fait mettre tout sur le côté qui le devoit attaquer, auquel le Genois répondit de dix petites qu'il avoit, si à propos, que je croy que toutes firent effet, ayant veu de loin tomber des Hommes sur le Tillac, & fait plusieurs trous dans le flanc, qui fit jetter de grands cris, & revirant, les Canoniers Genois rechargerent si diligemment, racommoderent les canons si bien à l'autre côté, & firent feu si à propos, qu'ils casserent à ce que je vis en étant proche, une partie de son Estambord, emporterent la moitié de son gouvernail, & firent encor plusieurs trous au bas du Vaisseau, par où l'eau entra si abondamment, que le Vaisseau coulant à fond, il ne rechapa que ceux qui purent entrer dans la chaloupe, qui vinrent à nôtre bord.

Cette perte ne fit pas perdre courage à mon Patron, ny aux Capitaines des autres Vaisseaux, qui pour recouvrer partie de la perte qu'ils venoient de faire, approcherent la Polacre de si prés, qu'elle ne pût éviter l'accrochement. Etant accrochée, mon Patron entra dedans le sabre à la main, suivy de bien trente Soldats; il en entra autant d'un autre Vaisseau; je croyois que la Polacre étoit prise,& que ceux qui étoient dedans metteroient bas les armes, & demanderoient quartier: Mais je fus bien étonné aprés avoir entendu une décharge de mousquets, qui en culbuta plus de dix, & une saluade d'un pierrier qui étoit sur la plate forme de la poupe, chargé de carte-ouches, qui en tuerent pour le moins encore autant; & les assaillis armez de demies piques & de pieux, se defendirent si bien, qu'ils tuerent, blesserent mortellement & jetterent en Mer tous ceux qu'ils pouvoient attraper; ce qui obligea mon Patron de se retirer, coupant son pont de corde pour se desacrocher; l'autre Capitaine qui avoit le bras cassé en faisant faire de même, afin de laisser la liberté au Genois de prendre assez de vent pour continuer sa route; ce qu'il fit à la faveur d'un Nort-Oüest, qui nous êtant contraire, pour retourner à Salé, nous falut tenir la Mer, attendant qu'il changea, sans avoir dessein de plus attaquer, mais dans la crainte d'être attaqué. Pendant quoy je pensay les blessez de nôtre Navire, qui étoient au nombre de vingt cinq ou trente.

CHAP. XIV.

Du naufrage que firent les Corsaires de Salé, avec qui étoit l'Heureux Esclave, par une tempête.

SUR la minuict la Lune changeant, fit changer aussi le vent, qui nous vint saluer de Nort-Est, avec lequel cinglâmes à pleins voiles, prenant nôtre cours au Sud-Oüest, pour tâcher d'attraper les côtes de Barbarie, afin d'y trouver un Port propre pour radouber nos Bâtimens, qui étoient en desordre, & aussi pour y faire l'aigade, nôtre eau douce nous manquant. Ayans vogué environ trois heures avec ce vent, qui s'abbaissa tout d'un coup, nous vîmes la Mer unie comme de la glace, certaine joye nous prenant à tous, chose déplaisante à ceux qui sçavent ce que c'est de la Mer, êtant signe d'une tempête à venir : Aussi vîmes nous vers le Sud Sud Est, que le temps se broüilloit, entendans un certain murmure en l'eau fort agreable, chifflant comme le Zephir, qu agitoit un peu la Mer, laquelle faisoit, battant contre nôtre bâtiment, des flics flacs, qui nous donnoient envie de dormir, tandis que les rats se reveilloient, courant deça & delà, plusieurs se jettans en l'eau, pronostic ordinaire de la perte des Vaisseaux dans lesquels ils sont. La Mer s'agittant de plus en plus, les vagues s'enflantes, le Ciel se couvrant, le chifflement de l'eau devint en murmure effroyable, qui nous fit abaisser tous nos voiles, à la reserve de celuy de Mizene, & fut ordonné la priere, que nous fimes tous nos maîtres Corsaires en leur maniere, moy & les autres Esclaves Chrétiens à la nôtre.

L'Ecrivain de nôtre bord coupa un mouton tout vif en quatre quartiers, un desquels il jetta en Mer vers la poupe, l'autre vers la prouë, les deux autres, un destiebort, l'autre de babort en Sacrifice pour appaiser la Mer, chose que font tous les Mahometans se trouvans en pareil état. La tempête continuant, lui fit faire encore pareils cinq Sacrifices, qui étoit de tous les moutons vivans que nous avions dans nôtre bord, étant la coûtume de tous les Vaisseaux

Corſaires de Barbarie de ſe pourvoir en s'embarquant de tels animaux pour ce même ſujet. Neptune ſe mocquant de ces Holocoſtes, le Ciel de leurs vœux, firent enfler la Mer d'avantage, & un vent de Sud Eſt, ſe levant impetueuſement, obligea nôtre Pilotte de faire abbaiſſeer la grand' vergue de plus de ſix pieds, & de mettre deux Matelots à tenir l'aviron avec des cordes pour gouverner le Vaiſſeau, tenant la hauteur de la Mer pour éviter l'approche de terre.

Toute l'induſtrie & l'adreſſe de nos Mariniers n'empeſcha pas que la tempête ne nous pouſſa au Nort-Oüeſt plus de cinquante lieuës : Si bien que quoy qu'il fit fort obſcur, l'air & la Mer paroiſſans tout en feu avec des broüillards, voyans la terre à travers, nous obligea de jetter nos trois ancres en Mer pour empécher d'approcher de plus preſt, crainte de perir, étant poussé contre quelque roc. Le premier ne fut pas plûtôt jetté, que le cable rompit, & demy quart d'heure aprés les deux autres fillerent, qui fit que demeurans sans ancres, étans abandonnez à la mercy des flots, nôtre Capitaine pour sauver sa vie, voyant que le Vaisseau alloit être jetté vers terre, d'où nous n'étions à pas plus d'une lieuë, & qu'il en seroit fracassé, fit mettre la chaloupe en Mer, se jettant dedans, dix ou douze des principaux avec luy, pretendans se sauver. La chaloupe renversant, nôtre Capitaine vint au dessus de l'eau plusieurs fois, & les autres aussi ; mais à la fin se trouvant entre deux vagues, il en fut de telle sorte affublé, que je ne le vid plus depuis. Je croy que quelque Diable marin le prit par le pied pour l'emmener avec luy au Royaume de Pluton. Quoy que nôtre Pilote eut fait mettre à sec nôtre Vaisseau, suivant le conſeil des Matelots, & de la volonté des Corſaires, une bouraſque impetueuſe le pouſſà ſi rudement ſur une baſſe de terre, qu'il ſe briſa, ſans qu'aucuns perit, tous ayans gagné terre à la veuë de pluſieurs perſonnes d'un vilage tout proche, qui accoururent, tant pour nous ſecourir, que pour tirer quelque profit de nôtre nauffrage, ſans ſçavoir qui nous étions.

CHAP. XV.

De la delivrance de l'Heureux Eſclave, de ſes compagnons, & comme ils furent receus à Malaga.

COMME les Corſaires ſe virent en terre de Chrétiens, ceux qui venoient vers nous étans habillez à l'Eſpagnol; Vous ne devez pas douter combien cela les affligea, & la joye que j'eu & les autres Eſclaves, voyans nôtre liberté aſſurée.

Ces païsans voyans par nos vétemens que nôtre Vaisseau étoit Corsaire de Barbarie ; quoy que nous fussions bien trois cens, & eux tout au plus cinquãte, ne laisserent pas d'approcher, commandans aux Mahometans de marcher devant eux au Vilage, les menans, & nous autres Esclaves les suivans, les poussans par le cul, comme des ânes. Un Renegat François le plus méchant de la troupe, qui eût bien voulu avoir changé son Turban à un chapeau, sa Veste à un justeau-corps, & s'être fait raser le flocon de cheveux qu'il avoit à la tête pour n'être point connu pour ce qu'il étoit, allant en pas de limaçon, de crainte de gagner la pleuresie en s'échauffant à cheminer, un de ces Païsans, qui sans doute étoit devin ou bon Phisionomiste, luy donna trois ou quatre coups d'un gros bâton qu'il tenoit sur les épaules & les reins, luy disant, *Andare, andare! Gavache,* disant, *Andare, andare Gavache, Renegado enemigos de Dios* , qui veut dire, *Marche*, *marche lâché Renegat* , *ennemy de Dieu*. A ce compliment , il se mit à galoper, gagnant le devant des autres.

Entrans dans le vilage, les femmes & enfans se mirent à fuïr dans leurs maisons, croyans que c'êtoit une descente de Corsaires qui venoient pour les prendre, les hommes plus assurez prirent chacun le leur par le colet, & les menerent dans la grange d'une grande maison, où ils les enfermerent.

Le Gouverneur de Malaga d'où nous n'étions qu'à une bonne lieuë, étant averty de nôtre naufrage, vint avec une douzaine de Cavaliers vers nôtre Vaisseau, suivant aprés luy trois Compagnies d'Infanterie, pour empécher que les sauveurs n'emportassent & recelassent des choses nauffragées, une desquelles il envoya au vilage pour garder les prisonniers.

Les Femmes étant desalarmées sortirent dans les ruës, venans vers nous pour sçavoir aussi bien que les Hommes comme nous avions fait nauffrage. La principale du lieu n'eût pas plûtôt jetté les yeux sur moy, qu'elle me prit par la main, me mena en son logis, qui fut assiegé par une multitude de Femmes & de Filles pour me voir, desirant toutes m'avoir chez elles, comme Proserpine & Venus ont eu Adonis, afin de me contempler à leur aise. D'abord que je fut entré l'on fit un grand feu, mon hotesse me fit ôter mon habit, m'en faisant vétir un autre & une chemise de son fils qui m'étoit propre, pendant quoy trois bonnes Femmes étoient aprés avec une lime à limer la cheville de fer qui tenoit le sep de mon pied, & ôter ma chaîne, ensuite l'on me fit bien boire & manger ; & la nuit étant venuë, l'on me fit coucher sur un bon lict, où je reposay & dormy de tout mes yeux jusques au lendemain une heure aprés Soleil levé, que je me réveillay au bruit sourd des deux Filles de mon hôtesse, & de demie douzaine de leurs compagnes qui cheuchetoient parlant bas, me regardant par admiration.

L'ordre venant du Gouverneur de Malaga de nous mener en la Ville avec les Corsaires, je me levay promptement, & descendit en la cuisine, conduit par ces filles, où y trouvant la table couverte de viandes, je mangé & beu de bon vin, & ensuite je remerciay mon hôtesse des biens qu'elle m'avoit fait. Me donnant deux reales, me pria d'excuser si je n'avois pas été traité suivant mes merites, & pleurant m'embrassa & baisa, ses deux filles aussi les larmes aux yeux. Je croid en bonne foy, qu'elles étoient desja devenuës amoureuses de moy, elles me conduirent jusques au rendez-vous, qui étoit devant la grange où on avoit enfermé nos Maîtres, les Corsaires qui pour avoir couché dans leurs habits moüillez tremblotoient de froid, qui étoit de saison, parce que c'étoit sur la fin du mois d'Octobre. Tout étant prest, nous marchâmes vers la Ville, où nous y entrâmes à l'aclamation de tout le peuple qui étoit dans les ruës & aux fenestres.

Les Soldats menerent les Corsaires qui étoient liez par un bras de deux à deux en prison, & nous au Château, où nous y fûmes receus par le Gouverneur, qui nous ayant témoigné la joye qu'il avoit pour nous, de nôtre liberté, nous fit dîner, & aprés envoya querir des Tailleurs pour nous faire des habits d'un beau drap gris, qui furent prêt pour le lendemain aller en l'Eglise Cathedralle, où il y fut chanté le *Tedeum* en musique l'apresdinée. Nôtre marche fût de la sorte. Sortans du Château six tambours alloient devant, puis ſix trompettes ſonnans des fanfa-res, enſuite le fils du Gouverneur richement vétu, portant nôtre grand Pavillon, moy à côté de luy, & un autre Eſclave de l'autre côté. Aprés le fils du Gouverneur marchoient à la file deux Gentils-hommes, l'un portant un autre Pavillon, & l'autre nôtre grande Banderole, ſuivant aprés d'autres portans les Pavechades, à chaque côté deſquels marchoit un Eſcla-ve, aprés ſuivoit le Gouverneur, & pluſieurs Gentils hommes qui l'accompagnoient, & des Archers & Gardes : Il fut receu à la porte de l'Egliſe par les Magiſtrats qui le complimenterent, entrans avec luy dans le chœur, nous devant. Le *Tedeum* étant chanté, l'on mit les Pavillons, Banderole & Pave-chades autour de l'Autel, attachez à la muraille, puis nous nous en retournâmes au Château, où nous y fûmes receus honorablement, regalez d'une collation magnifique, & ensuite d'un soupé, comme pour traitter les plus grands Seigneurs du païs, aprés nous fûmes coucher; & le lendemain le Gouverneur donna à chaque Esclave Espagnol & Portugais un passe port & deux pistolles pour retourner chez eux, qui s'en allerent ayans bien déjeûné. Nôtre Maître de Hache, nôtre Calafat & moy étans François, deux autres de Genes, le Pilotte Holandois, & trois autres Allemands desirans passer en Italie, pour delà retourner chacun chez nous, n'ayant pas de Vaisseau prest, il nous fit rester.

Les Corsaires prisonniers qui étoient au nombre d'environ 250. pour éviter d'être mis à la rame, & remplir la Chiourme des Galeres de Sa Majesté Catholique, firent parler de leur rachapt, à quoy le Gouverneur prêta l'oreille: Etant demeuré d'accord avec eux pour une somme considerable. Outre le regal qu'il nous avoit fait pendant quinze jours, nous donna comme aux autres à chacun deux pistoles & un passe-port, & paya nôtre passage, nous faisant embarquer sur une Tartane Sicilienne prête à partir pour retourner en Sicile.

CHAP. XVI.

De la reprise de l'Heureux Esclave par les Corsaires de Tetoüan.

ETANS embarquez avec environ soixante autres passagers, le Patron de la Tartane fit lever les ancres, déployer les voiles pour sortir du Port, & gagner la pleine Mer à la faveur d'un vent de Ponente Maestro. Le Soleil étant couché, nous vogâmes toute la nuict fort bien, jusques à l'aube du jour qu'on nous donna l'alarme étans à la veuë de deux petites Fregates, lesquelles quoy qu'arborez de la Banniere d'Espagne, reconnûmes être Corsaires de Barbarie venans vers nous à voiles bandez; ce qui me fit jetter promptement mon Passeport dans la Mer, afin qu'étant pris je ne fus pas reconnu Chirurgien. Le Patron trouvant qu'il seroit inutil de vouloir fuir, attendu qu'ils nous attraperoient bien-tôt, n'ayant pour toutes armes que deux pierriers, une douzaine de mousquets mal en ordre, autant de demies piques, deux haches, six hoües; armes peu suffisantes pour se defendre; l'obligea de dire aux passagers qu'ils eussent à voir combien ils avoient d'argent, pour en faire une somme, afin de l'offrir à ces Corsaires, à la charge qu'ils nous laisseroient. Cette proposition fut trouvée bonne de tous, il se trouva vingt mil patagons, & quinze cens que mit le Patron, qui faiſant vingt-un mil cent, les mit dans ſa chambre, puis fit broüiller les voiles, & mettre les deux pierriers à la prouë du bâtiment qu'il avoit fait tourner ainſi pour être en veuë, & fit monter chacun ſur le Tillac, afin que voyant bien du monde, ils aimaſſent mieux accepter la ſomme, que de riſquer leurs vies, en attaquant.

Les voyant à un quart de mille de nous, il fit mettre la chaloupe en Mer, deſcend dedans avec quatre Matelots, allant vers eux. Etant à un de leurs bords, propoſa l'offre au Capitaine; lequel ayant fait broüiller ſes voiles, envoya vers l'autre luy en donner avis, l'ayant acceptée & promis de nous laiſſer aller ſans nous rien faire, le Patron revint à nôtre bord querir l'argent qu'il leur porta; & étant de retour il fit débroüiller les voiles.

La veuë de ces deux Fregates m'avoit fort attriſté; jugeant que j'allois r'être Eſclave; mais la joye

joye me reprit si tôt que j'appris que ces Corsaires, qui étoient de Tetouan, avoient accepté l'offre qu'on leur avoit fait des vingt un mil cinq cens Patagons, & promis de nous laisser aller sans nous poursuivre, & m'augmenta lors que je vis aller nôtre Tartanne, & qu'eux ne bougeoient. Cette joye fut de courte durée; car les Corsaires n'étans pas contans, se moquans de la parole qu'ils avoient donnée, ayans bandez tous les voiles, vinrent aprés nous, & nous ayant approchez de la portée d'un mousquet, un qui êtoit à la poupe, cria à nôtre Patron, qu'on ne leur avoit pas donné assez, qu'ils vouloient encore rrente mil Patagons. Tous s'êtans épuisez de l'argent qu'ils avoient, dit qu'il ne pouvoit en donner d'avantage. A cela il luy répondit, qu'il livra donc le Vaisseau, & ce qui êtoit dedans d'amitié, ou sinon, qu'ils l'auroient par force, ou le couleroient à fond. La foiblesse de nôtre bâtiment, obligea de consentir malgré luy & nous, à la charge qu'ils nous mettroient à la plus proche terre des Chrétiens; ce qu'ils nous promirent. Cét accord êtant fait, nôtre Patron fit descendre le grand voile sur le Tillac; ensuite dequoy s'êtant mis dans sa Chaloupe, fut vers une de ses Fregates se rendre avec huit Matelots, les Capitaines Corsaires envoyerent chacun leur Esquif, avec chacun douze Hommes, à nôtre bord, pour en prendre possession. Si tôt qu'ils y furent entrez, ils nous foüillerent, prenant tout ce qu'ils trouvoient dans nos poches. Nous croyons tous que pour la seconde fois ils tiendroient leurs paroles; mais nous fûmes bien étonnez quand ils nous firent sortir de la Tartane pour nous mener avec leurs Esquifs dans leurs Fregates, où y étans montez, ils nous mirent tous à la chaine, & au lieu de prendre la route des côtes d'Espagne, prirent celle de Barbarie, que nous voyons, n'en étans à pas plus de trente milles, où ayant abordé la Baye de Tetouan, nous y fûmes menez, non sans coups de bâton que receurent ceux qui se plaignoiét de leur mauvaise foi, ausquels ils répondoient, *Cané ti far gaziva ty tener fantasia à fe de Dio my congar buono per ti*, qui veut dire, *Chien vous faite l'entendu, vous avez des fantaisies, par la foy de Dieu, je vous accommoderay.*

CHAP. XVII.

Du bon-heur qu'eust l'Heureux Esclave à Tetouan, & de la misere de ceux qui sont mis dans la Masmore.

ENTRANS dans la Ville deux à deux, & passans devant le Roy, il me fit retirer du rang, un autre jeune garçon, âgé de quinze ans, & trois Gentils-hommes Espagnols, faisant conduire les autres dans la Masmore.

Nous ayant fait mener dans son Palais, il nous fit tous cinq interroger, pour sçavoir les qualitez de ceux qui avoient été pris avec nous, & les nôtres aussi; il ne pût tirer autre raison de moy, sinon que je luy dis être François, fils d'un Païsant, qui m'ayant donné à un Gentil-homme, qui allant de France en Portugal étant pris par les Saléſiens sur Mer, qu'ayant été mené à Salé, s'êtant racheté, m'y avoit laissé, que ne sçachant rien faire, êtant Esclave de Capoutan Chetier Deli, il m'avoit fait embarquer avec luy pour avoir soin du feu dans son Vaisseau pour aller en course, où par la tempéte le Vaisseau ayant été jetté aux côtes d'Espagne, proche de Malaga, que le Gouverneur avoit retenu prisonniers les Corsaires, m'avoit fait habiller de neuf & les autres Esclaves, & que nous ayant donné la liberté, il m'avoit fait embarquer & huit Matelots sur la Tartane prête pour passer de Sicile en Italie, & de là chez nous ; ce que je luy disois avoit été concerté avec mes camarades, qui me promirent d'en dire de même, ne declarant point que j'étois Chirurgien. Ayant creu ce que je luy avois dit, me fit mettre avec les autres dans une écurie, où là le chef de Cuisine m'étant venu voir, qui êtoit Renegat Provençal, ayant appris que j'étois François, il me témoigna le déplaisir qu'il avoit de mon infortune, me donna deux bonnes poignées de figues & de raisins secs, avec un petit pain pesant environ demie livre, & une grande cruchée d'eau.

Le soir ce Cuisinier me fit apporter une éculée de ris, & le lendemain du matin me vint querir pour éplucher du ris ; aprés cela j'aiday à un Marmiton à laver les écuelles, puis je tournay la broche. Ayant demeuré là toute la journée, la nuit venant, je me retiray dans l'écurie avec les autres Esclaves, ausquels je portay du pain, du raisin & des figues, & quelques morceaux de viandes dans mes poches ; je fis ce métier bien quinze jours, pendant lesquels les marmitons me souffroient manger avec eux ; ce qu'ils n'auroient pas fait, n'eût été l'affection qu'ils voyoient que me portoit le chef de cuisine. Un jour que le Maître d'Hôtel étoit dans la cuisine, comme nous dinions, je me mis à rire, le Cuisinier me demandant dequoy je riois, je luy répondis, que c'étoit en contemplant la couleur du visage & des mains de mes camarades, les marmitons qui se rapportoient à leurs habits, noirs de graisse & d'ordure, je m'imaginois être en Enfer, festiner avec les enfans de

Belzebut. Cette réponse le faisant rire à gorge déployée, le Maître d'Hôtel n'entendant point ma langue, luy demanda ce que je venois de luy dire, ce que luy ayant expliqué en Langue Maure, se mit à rire aussi. Les marmitons l'ayant ouï se leverent tout en colere, demandans justice au Maître d'Hôtel de l'affront que je leur avois fait, tenant tel discours d'eux, au lieu de les considerer pour la grace qu'ils me faisoient, ils luy demandoient que je fus bâtonné, & qu'il me fut fait defenses de plus entrer dans la cuisine, ce qui le fit rire d'avantage, & leur dit qu'il y songeroit. Le Cuisinier prenant mon party, comme il êtoit de raison, êtant en partie la cause de ma disgrace, les menaça de les batre, s'ils rognonoient d'avantage, le Maître d'Hôtel ne manqua de faire son rapport au Roy de ce qui s'étoit passé, qui pour ôter la noise qui arriveroit dans la cuifine à mon sujet, dit au Maître d'Hôtel, qu'ayant l'esprit de tenir tels discours, que je meritois autre chose que d'être marmiton, luy donnant ordre de me faire faire une autre office; ce qu'il fit, me mettant à la dépence sous le Sommelier, qui étoit un Maure, fort honnête Homme, qui pour être le fils d'un Renegat Italien, en parlant la Langue & le Franco, qui est un jargon Espagnolisé, avec lequel on fait tout entendre aux Esclaves tant d'Affrique que d'Asie, me demandant en ces Langues, comment s'appelloit en François toutes les choses qu'il manioit; luy disant, cela luy plût si fort, que m'affectionnant me fit coucher dans sa chambre.

Quoy que dans la cuisine je fut bien traité, je l'étois encor mieux à la sommellerie, mangeant du même pain que le Roy mangeoit, des viandes de toutes sortes, à la reserve du porc, & ne buvois que du sorbec, qui est une mixtion faite de Sirops de Limons & de raisins delayez dans de l'eau, me donnoit la liberté d'aller quand je voulois voir mes camarades Esclaves, rechapez avec moy du naufrage qui étoient dans la Masmore ou prison publique, qui est plus de trente pieds sous terre, en laquelle le jour n'entre que par des treillis de fer qui sont au milieu, dans laquelle nul n'entre qu'il ne donne quelque chose au Geollier, aussi m'en coutoit-il toutes les fois deux *borbes*, petite monnoye, qui vaut la piece *demy liard* de nôtre monnoye. Je n'allois jamais dans ce lieu que pour leur porter quelque chose, lesquels me témoignoient la joye qu'ils avoiẽt du bon-heur qui m'étoit arrivé, & je déplorois la misere où je les voyois en un lieu qui puoit comme un retrait, pour n'être paré que de pots à pisser, pendus à la muraille, dans lesquels ils faisoient toutes leurs necessitez, en ayant de deux en deux un qui étant plein, faloit qu'ils donnassent une borbe au Concierge pour le vuider, couchans tous par terre sur le pavé, ne leur étant pas permis d'avoir de la paille; & si encor la nuit des canailles passans par la ruë, leur jettent par les treillis de l'eau & de la bouë, des ordures & des pierres, qui les obligent de se lever tous. Il y avoit dans cette Masmore lors que j'étois à Tetouan, bien trois cens Esclaves, entre lesquels il y en avoit environ trente de malades, qui incommodoient les seins, & avoient tous bien à patir, veu que c'êtoit au commencement de Decembre, dans lequel temps se vend peu d'Esclaves en Barbarie, à cause que les Galleres demeurent aux Ports, les autres Vaisseaux font peu de courses, & les Peres Redempteurs ne vont ordinairement à Tetouan qu'au mois d'Avril, May ou Juin; & comme ils ne viennent que d'Espagne & de Portugal, n'ajettant que ceux de leur Nation, les François & les autres êtans comme desesperez de leur liberté, fait que la plûpart se font Renegats, qui fait qu'il y en a beaucoup en cette Ville-là, principalement des Provençaux.

CHAP. XVIII.

D'un Esclave qui eut la Falaque pour avoir derobé & vendu l'Alborno de son Patron.

VN jour mon Patron le Sommelier allant rendre visite à un Gentil-homme Maure dans la Ville, me mena avec luy, il le trouva fort encolere, & empéché à faire donner la Falaque à un de ses Esclaves, Espagnol, pour luy avoir pris & vendu son Alborno à un Renegat de sa Nation. Ce pauvre miserable êtoit couché par terre tout de son long ſur le dos, les pieds garottez avec une corde à la *Falaque*, qui eſt un *bâton long de cinq pieds, auquel il y a quatre trous par où paſſe la corde*, deux autres Eſclaves tenant ce bâton l'un par un bout, l'autre par l'autre, un autre luy tenoit un bras, l'autre l'autre, & un cinquiéme luy donnoit ſur la plante des pieds des coups d'un nerf de bœuf de quatre pieds & demy de long, rong par le manche, s'élargiſſant juſques au bout, comme voyez en la figure ſuivante.

Etant detaché, il fut porté par les autres Esclaves en l'écurie sur de la paille, où il fut plus d'un mois sans s'en pouvoir lever.

Chap. XIX.

Du present que fit le Roy de Couque au Roy de Tetoüan, & comme il luy envoya l'Heureux Esclave.

AU commencement de l'année suivante, arriva un Ambassadeur à Tetoüan de la part du Roy de Couque, accompagné de vingt-quatre Cavaliers, armez à l'Affriquaine, dix-huit pietons, douze menans chacun un beau barbe, & six chacun un Chameau pour faire present au Roy, pour témoignage d'amitié & volõté qu'il avoit de vivre avec luy en bonne amitié & intelligence, avec une

Lettre de creance que l'Ambassadeur donna de la part du Roy son Maître, que le Roy de Tetouan receut, & pour revanche luy donna dés le lendemain en present pour porter au Roy son Maître un Cimeterre enrichy de quantité de pierres precieuses, & douze Esclaves Chrétiens, tous habillez à la Chrétienne de drap jaune, dont étant du nombre, je fus dire adieu à tous ceux de ma connoissance, sans oublier ceux qui étoient dans la Masmore, qui regrettoient mon départ, principalement mes camarades, voyans que me perdans, ils perdoient plusieurs bons morceaux, que je leur portois souvent; il n'y eut pas même jusques aux marmittons que j'avois offensez, qui ne me témoignassent être fâchez de mon éloignement, le Cuisinier & le Sommelier ne manquerent pas de me recommander à ceux qui me devoient emmener, & quinze jours aprés, partîmes pour Couque, où nous arrivâmes à la fin du mois d'Avril, ayans traversé les Royaumes de Fez, Tremecen, Tunis & Alger.

Chap. XX.

D'un Conquois attaqué d'un Serpent, & delivré par l'Heureux Esclave.

Trois semaines ou environ aprés que nous fûmes sortis de Tetouan, étans à nous reposer, un des gens de l'Ambassadeur s'étant éloigné d'environ trois jets de pierres de nous, pour lâcher son ventre, dans des broussailles, fut attaqué d'un Serpent nommé Santonne, long de plus de deux aulnes, ayant la teste grosse comme celuy d'un chat, le corps à l'équipolent, qui se jetta sur luy, l'entortillant & mordant par le menton, s'en l'en pouvoir arracher, comme voyé en la figure suivante.

La force de cet animal qui le cengloit par le corps, luy faisant perdre la respiration, n'empécha pas qu'il ne se mit à crier pour avoir du secours; chacun se leva pour aller voir ce que c'étoit. Tous voyans ce pauvre miserable saisi de la sorte, nul n'osant en approcher, de crainte que cette bête te le lâchant ne se jetta sur eux. Ce que voyant, je demanday à un son coûteau, qu'il avoit pendu à son bras, pour l'aller delivrer. Me l'ayant donné je fus auprés, & donnay un si grand coup du tranchant, que l'ayant presque coupée par la moitié, elle quita prise pour se jetter sur moy; ce qu'elle auroit fait, si je n'eus été assez diligent à me reculer, & luy donner à terre où elle êtoit, si à propos, que je la coupay par le milieu. La tête sifflant encore, & le reste du corps qui y tenoit se remuant, faisoit craindre aux autres qu'elle ne se vangea encore de ce que je luy avois fait. Mais aussi hardy qu'un Hercule, je luy fut couper la tête, ensuite je tiray le fiel qui êtoit dans sa poitrine, qui êtoit plus gros qu'une grosse féve. Aprés quoy je fus prendre le Turban de celuy qui en avoit été mordu, en déchiray une piece pour faire de la charpie, sur laquelle ayant étendu le fiel, je luy mis sur sa morsure, le bandant avec le reste de son Turban. Chacun fut étonné de luy voir desenfler le visage, la gorge & la tête à veuë d'œil, ainsi qu'il l'avoit veu enfler. L'Ambassadeur qui avoit veu tout ce que j'avois fait fut ravy; & quoy qu'on me traitta assez bien, suivant les commoditez, il me fit encore mieux traitter.

Chap. XXI.

Comme l'Heureux Esclave fut Chirurgien du Fils du Roy de Couque, & de la chasse du Penthere.

Etans arrivez à Couque, l'Ambassadeur ayant donné au Roy son Maître le Cimeterre que luy envoyoit le Roy de Tetoüan, & nous ayant aussi presenté moy & les autres Esclaves mes compagnons. Il luy raconta ce que j'avois fait, & ayant fait approcher celuy qui avoit été attaqué du Serpent, il luy montra étant guery, sans qu'il y parut aucune chose. Le Roy en témoignant la joye qu'il en avoit, me donna à son Fils là present, pour être son Esclave & Chirurgien, n'ayant pû par la cure que j'avois faite seeller ma vacation.

Ayant toute la liberté qu'il se pouvoit souhaiter, à la reserve de la marque d'Esclavage que j'avois, qui m'empêchoit de me sauver, étant aimé & consideré des Sujets de Sa Majesté Couquoise, j'allois librement où je voulois, qui étoit le plus souvent à la chasse du Penthere, qui se fait de la sorte. L'on attache des pots de terre, dans lesquels est de la matiere fecale, laquelle étant échauffée par le Soleil, le Penthere en étant friant, sentant cet odeur, ne manque d'aller où sont ses pots, ausquels sautant pour tâcher de les faire tomber : Ce que voyant, le Chasseur, approchant doucement, tâchant de n'être pas veu, & en étant proche, le tire & tuë d'un javelot, comme voyé en la figure suivante.

CHAP. XXII.

De la prise de l'Heureux Esclave par les Algeriens, en une bataille donnée entre eux & les Couquois.

LE Bascha d'Alger pretendant que le Roy de Couque soit son tributaire; ce que ce Roy luy nie, quoy que son Royaume soit enclavé dans le sien, fait que souvent il est visité par des Camps Algeriens, qui le viennent attaquer pour l'obliger de payer le tribut qu'ils pretendent qu'il doit.

Dans le temps j'étois à Couque sur la fin du mois d'Aoust, l'on apporta nouvelle au Roy qu'il avoi[illegible] conclud dans le *Divan* [illegible] qui veut dire *Conseil*, [illegible] vers lui six milles Hom- [illegible]'on les faisoit preparer pour marcher. Sur cet avis Sa Majesté Couquoise envoya diligemment renforcer les places qu'il avoit au delà des Montagnes, & quinze mille Hommes dans le plat païs, à la rencontre des Algeriens, pour les obliger de s'en retourner, donnant la Charge de cette Armée au Prince son Fils, avec lequel je fus comme son Chirurgien.

Ce Prince apprenant l'approche des Algeriens, afin de ne leur pas donner la peine d'avancer si avant, marcha vers eux, & les ayant apperceu au milieu d'une pleine de 6 ou 7 milles de longueur, autant de large, il y entra aussi en bataille rangée, ayant mis l'Infanterie au milieu, & la Cavalerie aux deux ailes, la gauche commandée par *Albrin Beglier Bey*, qui veut dire, *le Gouverneur Abraham*, qui étoit son oncle, & la droite par luy, avançans ainsi. Le General des Algeriens nomm

Stander Seremeth Aga, qui veut dire, *le Colonel Alexandre l'hardy*, Renegat François, Homme fort rusé au fait de la Guerre, ayant mis aussi des gens en bataille, fit semblant de se retirer. Les Couquois qui sont Maures & Arabes, peu experts au fait des Armes, avançans avec grande exclamation de joye pour leur donner dessus, pretendans les tailler en pieces. En étans proches, ils furent étonnez de les voir retourner face, & saluez de telle sorte, que d'abord plus de 300 furent renversez sur la terre. Cela n'étonna pas le Prince de Couque, ny Abrin Beglier Bey, qui attaquerent le Camp des Algeriens avec une furie enragée, & en firent un carnage de leurs Hazagaies & Cimeteres d'environ 500. Ils furent bien-tôt arrêtez par l'adresse & le courage des Algeriens, gens aguerris, lesquels par le feu qu'ils firent de leurs mousquets, les obligerent de prendre la fuite, en laquelle les suivant en queuë jûqu'au soir, plus de la moitié furent taillez en pieces, bien 900 de pris prisonniers, entre lesquels j'étois.

La retraite étant faite, je fus mené avec deux *Checs* Couquois, qui veut dire *Capitaines*, à l'Aga pour être interrogez. Luy ayant raconté en bref & ingenument tout ce qui m'étoit arrivé depuis mon depart de Paris, ainsi que je l'ay décrit; cela l'étonna, me voyant dans un si jeûne âge, n'ayant pour lors au plus que 14 ans; ce qui l'obligea, doutant en quelque façon de ce que je disois, d'interroger ces Checs à mon sujet, leur demandant s'il êtoit vray, que je fus le Chirurgien du Prince de Couque, luy ayant asseuré que ouy, & fait recit de l'estime que le Roy faisoit de moy, & le Prince son Fils, fut bien aise de m'avoir; ce qu'il me témoigna, me faisant

faisant rester en sa tante.

Le lendemain dés qu'il fut jour, les Janissaires furent au lieu où étoient les morts, où là ils y enterrerent ceux qu'ils reconnurent être dés leurs, & entre ceux des Couquois ayans trouvé *Albrin Beglier Bey* qui y étoit, & cinq Checs de tuez, ils les écorcherent jûques aux têtes, lesquels separez des corps furent mises au haut d'autant de demies piques, ces peaux étant remplies de paille, *Scander Seremeth*, étant party d'Alger en intention de surprendre quelques forts qui sont au bas des Montagnes de Couque, apprenant qu'ils étoient si bien munis, qu'il luy seroit difficil d'en prendre aucun, & sçachant ne pouvoir entrer en Couque, se contentant de la victoire qu'il avoit gagnée, & de la prise de tant de prisonniers qu'il avoit fait, reprit le chemin d'Alger.

CHAP. XXIII.

Entrée triomphante des Algeriens dans leur Ville.

LE Baſſa d'Alger ayant appris la Victoire qu'avoit gagné *Scander Semereth*, la quãtité des priſonniers qu'il emmenoit, ſçachant qu'il approchoit, ſorti dela Ville ſuivy de ſa Garde ordinaire, & pluſieurs autres avec luy, *Scander Semereth* en ayant avis, fit mettre tous ſes gens en bataille, les priſonniers au milieu, dont j'étois du nombre, lui á la tête avec tous les autres principaux Officiers ayant ſalué le Baſſa & fait le recit de ce qu'il avoit fait, aprés qu'il eut fait le tour du Camp s'en retourna, & une heure aprés nous marchâmes vers la Ville, *Scander Semereth* entra le premier avec quelques Officiers, & la moitié de son Camp. Aprés marchoient ceux qui portoient les peaux & têtes des Couquois qui ressembloient des fantômes, comme voyez en la figure suivante.

Ensuite de ces porteurs de peaux écorchées marchoient les prisonniers, & comme j'étois des premiers avec les Checs, j'étois englouti de la santeur des têtes, qui rendoient une grande puanteur, pour y avoir dix jours qu'elles étoient separées des corps. Ensuite des prisonniers marchoit le reste de l'Armée; & ayans traversé la Ville, à l'exclamation de tous les Habitans, on nous mena tant que nous étions de prisonniers dans une grande court clause du Palais du Bassa, pour ensuite nous disperser dans les bagues ou prisons, & autres endroits où l'on a coûtume de mettre les Esclaves.

CHAP. XXIV.

Premiers entretiens de l'Heureux Esclave avec Dom Hierosme de Carvala, Gentil-homme Portugais.

APRES avoir servi à l'entrée triomphante des Algeriens, on me mena avec environ deux cens Couquois dans une grande sale basse du logis du Bassa, dans laquelle il y avoit bien cent cinquante Esclaves Chrétiens, d'entre lesquels un Gentil-Homme Portugais, nommé Dom Hierôme de Carvala, me voyant vétu à l'Espagnole, & reconnoissant par un petit colier de fer que j'avois au col, que j'étois Esclave Chrétien, m'appella & fit signe d'approcher de luy, ne pouvant venir vers moy à cause des fers qu'il avoit aux pieds, chaque jartiere pesant pour le moins cinquante livres. Luy ayant donné la satisfaction qu'il desiroit, étant proche de lui, me demanda en Espagnol d'où j'étois, lui ayant répondu de Paris; apprenant par là que j'étois François, me témoignant la joye qu'il en avoit étant Portugais. M'ayant fait asseoir auprés de lui, me demanda combien il y avoit que j'étois sorti de la Chrétienté, & comme j'avois esté pris. Lui ayant tout raconté, & mes avantures, me demanda par devise, si je sçavois pourpuoy on nommoit Hippocrate Divin, fils d'Esculape, & Prince des Medecins.

Vous sçaurez, luy dis-je, qu'Hipocrate étoit le fils d'un Homme appellé Esculape, descendant des Asclepiades, Prince de l'Ile de Co, un desquels ayant apris la Medecine des Egyptiens, en laissa les enseignemens à ses descendans. Cet Esculape desirant que son fils nommé Hippocrate se rendit plus parfait que lui, l'envoya entendre à Crotone le Philosophe Pytagore qui y enseignoit la Philosophie, duquel ayant apris l'Astrologie, étant de retour à Co, les Abderites croyans que Democrite leur Prince étoit fou, à cause qu'il rioit toûjours, sçachans qu'Hippocrate avoit herité de la science de son Pere, aussi bien que de sa Principauté, envoyerent vers luy des Ambassadeurs le prier de se transporter en leur Ville, pour y guerir leur Seigneur. Hippocrate le desirant voir, sçachant que c'étoit un grand Philosophe, & aussi d'obliger les Abderites. Pour n'aller pas au dépourveu, écrivit à un autre Medecin, nommé Crateua, qu'il sçavoit être plus capable que luy, de luy envoyer des racines, feuilles, fleurs & sucs d'herbes propre pour guerir de la folie : Ce qu'ayant receu, il s'en alla en Abdere, où y étant arrivé, fut mené chez Democrite ; qui le traita & luy enseigna l'Anatomie, l'Art de connoître le naturel de chacun par la Phisionomie, les remedes propres pour purger la Bile, la Melancolie & le Flegme, la Science des nombres, par laquelle on connoît le jour des crises & la cause du retour des Fiévres intermitantes ; comme aussi la vertu des feux pour guerir la Peste, & le stile de dire beaucoup en peu de mots.

Hypocrate ſuivant les enſeignemens de Democrite, la Peſte avenant en Grece, ayant fait faire des feux par tout pour la chaſſer, ce remede ayant reuſſi, les Atheniens l'ayant couronné de feuilles de cheſne, luy rendirent des honneurs Divins comme à un Dieu tutelaire, ainſi que l'aſſure Soranus: Et pour ce ſujet Pætus luy ayant donné le nom de Divin, fils d'Eſculape, pluſieurs ont crû qu'il l'eſtoit de ce Dieu de Medecine, qui fut adoré à Rome ſous la figure d'un Serpent; & comme il ſe plaiſoit d'enſeigner la Medecine, même de l'exercer, ainſi étant Prince & Medecin eſt le ſujet qu'on le nomme Prince des Medecins.

Me demandant enſuite, s'il étoit vray, qu'Hypocrate étant jaloux, avant que de partir de Co pour aller à Abdere, il écrivit à Denis d'Alicarnaſſe de venir garder ſa Ville, & avoir l'œil ſur les actions de sa femme, quoy qu'il l'eût mise entre les mains de son pere & de sa mere, pour être plus retenuë, de crainte que nonobstant les soins qu'ils pourroient apporter pour la garde de sa pudicité, que par la fragilité qui est au sexe Feminin, elle ne luy fit peindre en son absence sur son front les armes d'Acteon par quelque Aman qui luy plaitoit. Je luy répondis que ouy, ainsi que je l'avois leu dans la Lettre qu'il écrivit à ce Denis: Ce que Democrite sçachant pour luy faire connoître que la jalousie est folie, aprés luy avoir bien donné à soupé, l'envoya coucher avec la sienne, qu'il luy recommanda de bien contenter, étant jeune, belle, amoureuse & digne d'être aimée. En verité, me dit il, ce bon Homme étoit bien plus commode que ceux de ce temps, qui se formalisent quand ils voyent un galan bien fait courtiser leurs Femmes.

Devisans encore de choses & d'autres qui ne me sont point demeurées dãs la memoire, le someil m'accablant, & étant nuit, ayant bien soupé avec ce Dom Hierôme, je m'endormit jûques au lendemain qu'il étoit grand jour. Me voyant reveillé, aprés m'avoir souhaité le bon jour & la liberté, ainsi que je luy avois fait auparavant, suivant la coutume des Esclaves. Aprés quelques petits dévis sur les sentimens d'Epicure, qui veut, que l'on compasse le mal avec le bien, pour que nous survenant des accidens les supporter patiamment ; il me demanda l'opinion que j'avois du ris continuel de Democrite, se moquant des grands & des petits, du mal & du bien. Je luy répondis qu'il avoit raison de rire de toutes choses, principalement des actions des Hommes, comme de nous, qui sans necessité, mais par caprice, desirans voir d'autres Mondes que le nôtre, ne le croyant pas assez grand pour nous promener, nous être embarquez sur Mer, sans considerer le danger où nous nous sommes mis, soit par une tempête être submergez, où par la rencontre des Corsaires en être bâtus, & faits Esclaves, comme nous sommes.

Des Marchands navigans, qui ayant fait charger toute leurs Marchandises, sur laquelle ils comptent y gagner plus des deux tiers dessus, la voyent jetter en Mer pour sauver le Vaisseau, soit de la tempête ou des Pirates en étans poursuivis.

Des Mariniers, qui alterez de la soif insatiable du gain, mettent leur vie à la puissance des eaux instables & varieté des vents qu'ils croient gouverner, comme si ils les tenoient enfermez dans un sac de cuir.

De ceux qui dans une tempête ayans creu avoir un sauf conduit de Neptune, voyant le Ciel obſcur & tenebreux, les vents contraires ſe correſpondrent, des foudres éclater en l'air, des éclairs éblouïr leur veuë, a Mer rougir & s'hauſſer & beſſer épouvantablement, les cordages ſe rompre, le Navire craquer, & les Mariniers interdits & vaincus, l'un s'égratigner le viſage; l'autre ſe batre la Poitrine, entendre l'un faire des vœux, l'autre ſe confeſſer avec la larme à l'œil, l'autre maudire & renier, le Vaiſſeau étant peri, ſe voir par bon heur jettez à terre nuds, denuez de bien & de connoiſſance, demander l'aumône.

De ceux qui croyent avoir dans une boëte des Eſprits familiers enfermez, comme Peroquets en cage, pour par eux ſe faire aimer des Dames, acquerir des biens, & avoir ce qu'ils deſirent.

De ceux qui croyent que les Bâteleurs font leurs tours par

l'aide d'esprits malins, comme si les Diables de ce temps n'avoient autre chose à faire qu'à bâteler & joüer.

De ceux qui croyent que leurs Meres étoient poules, & qu'ils sont venus d'œufs, couvez & non engendrez.

D'autres qui raisonnent de la qualité du Mont Ætna, comme s'ils étoient Esprits Salamandrins, voulans que les gouffres où sont les feux soient à plus de vingt lieuës de la sous-tere en la Mer, dont l'eau y tombant en l'aitaignant en partie, cause cette fumée que l'on void sortir de ce Mont. Et d'autres qui s'imaginans avoir été metamorphosez de coquillages ou poissons en Hommes, nous veulent faire croire que les eauës des Rivieres circulent n'étans pas plûtôt entrées dans la Mer, qu'elles s'engouffrent dans des abîmes, par où elles retournet d'où elles sont venuës, sans prendre de ſaluce, ny laiſſer de leur douce.

Des plaideurs qui continuellement tourmentent eux & autruy, qui toûjours ſont reduits à la diſcretion des ſermens, témoignages, inſtrumens faux, & à la mercy des gens de chicanes, qui comme Vautours affamez, s'étans accordez, & bandez à la ruine de l'une & de l'autre partie, ne ceſſent de les ronger, ſans qu'ils s'en apperçoiuent, qu'aprés étre maudits, excomuniez & en la compagnie des Diables.

Des Damoiſelles Portugaiſes, auſſi bien que des Françoiſes, & de celles de ce païs cy, qui pour ſe faire paroître toûjours belles, jeunes & mignones, ſe ſervent de milles remedes & ſecrets à blanchir, colorer la peau, relever le ſein, empécher que le poil ne revienne étant arraché, retreſſir les choſes trop larges; & pour ſe rendre plaiſantes & agreables, faire les foles & rire sans sujet.

De ces Vielards qui sont à demy morts, qui ne peuuent rien faire, & qui desirent toûjours vivre, soupirans leurs plaisirs passez.

De ces Vielles decrépitées, qui paroissent dans les compagnies les jouës & les lévres vermillonnées avec du Cynabre, la peau fardée & reluisante, comme si on les avoit frotées du beure frais, parlant toûjours de leurs amourettes passées, pour faire connoître qu'elles sont encore amoureuses.

De celuy qui croit sa femme plus sage que Penelope, & qui la trouve s'abandonner à un autre.

De ceux qui se moquent de ce que leurs voisins sont faits cornards par leurs femmes, sans s'aviser que les leur, les mettent de la même confrairie.

De celuy qui a une femme laide comme un Magot, & qui la croit aussi belle que la Deesse Cypris.

De l'autre qui par jalousie garde la sienne comme Argus fit Jo, & de l'autre qui prostituë la sienne pour de l'argent.

De celuy qui croit avoir le sens rare, & qui n'a que le sens commun comme un Asne.

De ceux qui croyent que les timides sont gens bien avisez & discrets, les temeraires & furieux vaillans, les trompeurs prudens, les prodigues liberaux, & les lourdaus bonnes personnes.

De celuy qui s'imaginant que l'esprit d'Homere luy est entré dans le corps, humant le vent, se gratant la tête, se mordant les lévres, toûjours pensif, chagrin, joyeux, faisant des vers rudes, clochans & niais, se croit être plus grand Poëte que Virgile.

De ceux qui font des Anatomies d'Autruches, de Taupes & d'autres animaux, pour en connoître la nature, se travaillant à corriger Pline, & qui se laissent à corriger.

De

Des riches qui ayans caché leur or & argent, se disent pauvres, & des gueux qui se veulent faire passer pour riche.

De ceux qui croient avoir la connoissance de toutes choses, & qui ne l'ont pas seulement d'eux-même.

Des Cabriolleurs & Danceuses qui vont chercher les assemblées publiques pour se faire admirer en remuant leurs guenilles.

Des Pescheurs à ligne, qui pour attraper un petit poisson, long comme le doigt, la jettent cent fois dans l'eau, la considerant aller avec une patience admirable.

Des Chasseurs, qui croyans qu'il n'y a point d'autre plaisir que la chasse, se travaillent à courir ça & là, par montagnes, valées & campagnes, par les plus grandes chaleurs de l'Esté, les extrémes froideurs de l'Hyver, pluyes, vents, gresles, risquans leur vie, tombans de leurs Chevaux, où étans atteints par quelque furieuse bête sauvage, qu'ils sont obligez de combattre, laquelle l'ayant tuée, ils s'en glorifient autant que s'ils avoient vaincu en guerre le plus vaillant Capitaine de l'Univers.

Des joüeurs, qui dans l'esperance de gagner, exposent tout leurs biẽs au hazard de la fortune, & des trompeurs & pipeurs, qui gagnans font belles pauses, & quand la chanse leur tourne dos, pester, maugréer, faire des lamentations non pareilles à celles de Jeremie, mais d'autres qui les rendent infames.

De celuy qui est peureux comme un vieux Lapin, qui se vante, voulant passer pour un Hector, de l'autre qui s'adonne à l'oisiveté, & l'autre à l'yvrognerie.

De ceux qui prennent pour modele de vertu tout ce qui est de pervers, faisant passer les choses vicieuses pour galenteries.

De celuy qui se laisse piper par des apparences, & de l'autre qui rit de l'affliction de son voisin, & qui ensuite perit.

De ceux qui ne dorment ny jour ny nuit pour amasser des biens perissables, desquels nul n'en a été paisible possesseur.

Des autres, qui par un amour avare, s'étans peinez d'amasser des tresors, les voyent prodiguer par leurs enfans ; & de celuy qui pour se voir posseder de grands biens, ne fait point d'estime de son amy necessiteux.

De ceux qui embitionnent des grandeurs & des états plus qu'ils n'en ont, desquels en étans maîtres se trouvent en être plus malheureux.

De ces Docteurs qui portent longues robes & peu de science.

De celuy qui pour s'être purgé de Sené se croit flegmatique, de Rubarbe, bilieux, de Manne ou de Jalap pituiteux. J'aurois continué mon discours plus avant, s'il ne fut survenu Scander Seremeth, accompagné de deux Turcs, lequel me dit de le suivre, étant son Esclave, le Bassa m'ayant donné à luy, obeïssant, je dis adieu à Dom Hierôme & à sa compagnie.

Chap. XXV.

Entreprise du Patron de l'Heureux Esclave, & autres, de trouver la pierre Philosophale.

Mon Patron Scander Seremeth, le Medecin du Bassa nommé *Soliman Eski*, qui veut dire, *Salomon le Vieux*, *Ben Mousa Rabi*, qui veut dire entre les Iuifs, *Monsieur le grand Prêtre Moyse*, desirans de trouver la pierre Philosophale, ayans choisi le logis de Soliman pour travailler à cet ouvrage, me prirent pour leur aider, me prometrant que s'ils reussissoient au dessein qu'ils avoient pris, qu'ils me declaroient qu'outre la liberté que j'aurois, ils me feroient riche, pourveu que je gardasse le secret, ce que je leur promis.

Aprés avoir fait des fourneaux de differentes façons, dans une grande salle écartée, la premiere chose que nous fimes, fut des onguens pour la brulure, d'autre pour toutes playes & ulceres; comme aussi des huiles, eaux & sels pour toutes sortes de maladies; & ensuite des amalgames de metaux. J'êtois si attentif & desireux d'apprendre, qu'en quinze jours je sceu tous les noms des choses necessaires que doivent sçavoir ces illustres marmittons du lacquais de Iupiter, & comme à un grand Artiste, mes Maîtres se fioient à me laisser gouverner les fourneaux, creusets, alembics, atanors & matras, sans oublier le chappelet du grand Lulle.

Six mois s'étans écoulez à dépenser bien de l'argent, sans rien trouver que des sophifications, ils se resolurent de tout quitter; ce qu'ils firent à mon grand regret, étant bien aise d'apprendre à leurs dépens à faire ce *grand Oeuvre*, que les uns nomment, *eau seche*, les autres, *Mercure des Philosophes*, les autres *Elixir de vie*, & les autres, *Esprit multiplian*, duquel une petite parcele mélée parmy dix mils parts de Plomb, Etain, Fer, ou Vif argent preparez, sont en un instant convertis en pur or; ayant en outre cette vertu, que de guerir en un instant toutes maladies, empécher celles qui veulent venir, & prolonger la vie; de telle sorte, que ceux qui en usent, vivent plusieurs centaines d'années, à ce que disent ceux qui l'enseignent & qui le cherchent, contre lesquels j'ay fait un Livre intitulé, *Tombeau de la Folie*. Dans lequel se void les plus fortes raisons pour faire croire la possibilité de la Pierre Philosophale, d'autres raisons & experiences qui en font connoître l'abus & l'impossibilité.

CHAP. XXVI.

Comme se font les Mumies que l'on nous apporte, & du mauvais usage de ce pretendu remede.

UN jour que je fut querir quelques drogues chez Ben Moussa, qui outre qu'il étoit grand Prêtre de sa Loy, faisoit du Medecin, trafiquant de Mumies, je le trouvay en une Chambre à racommoder des corps mumiez, les entassans les uns sur les autres, en voyans un si grand nombre tous entiers, la Chambre en étant toute pleine; surpris d'en voir tant, je luy demanday d'où cela luy venoit, & comment il en pouvoit avoir une si grande quantité, croyant comme beaucoup d'autres, que les Mumies se prenoient dans les sables de l'Arabie deserte, ou de ces corps embaumez par les anciens Egyptiens, & que c'étoit un souverain remede pour guerir diverses maladies tant internes qu'externes, ce que luy témoignant il se mit à rire, & me dit que les Chrétiens avoient bien peu de jugement de croire telle chose, puîque en trente ans, il ne se trouvera pas dix Hommes de morts dans toute cette Arabie, & que quand il y en moureroit dix mil par an, qu'il y avoit assez de bêtes sauvages & carnassieres, qui les trouvant, les empecheroient bien de se mumier, en faisant de bon repas, que pour les Egyptiens ne faloit pas croire qu'ils eussent pris tant de peine d'embaumer les corps de leurs Princes, parens & bons amis, pour être mangez, & servir de remedes aux Etrangers qu'ils qu'ils ont haïs de tout temps, & qu'en cette ville capitale d'Egypte il y avoit plusieurs pyramides dans lesquelles sont embaumez quantité de corps, desquels on fait si grand cas que si l'on trouvoit des Chrestiens ou autres en emporter, ils seroient punis comme larrons & impies, que pour ceux qu'il avoit estoient tous d'Alger qu'il mumioit ainsi. Ie le priay de me faire voir comme il accommodoit ces corps, ce qu'il me promit, & me montra quelques jours aprés, estant mort un pauvre miserable esclave tout galleux, & ayant les écrouëlles, qu'il acheta de son Patron, & en ma presence luy ayant vuidé le cerveau & ôté les entrailles, luy fit plusieurs incisions dans la chair, dans laquelle il mit d'une certaine gomme liquide & noire appellee Asphalte, puis boucha toutes ces incisions de coton trempé en cette liqueur, & ensuite ayant bandé toutes les parties de ce corps avec des bandes trempées dans la meſme liqueur avec un vieux linceul, duquel l'en ayant envelopé je luy aidé enſuite à le porter dans un grenier, où il le laiſſa ſecher pour le vendre avec d'autres à quelques Marchands Chreſtiens. Ie vid quelque deux mois aprés enlever ce meſme corps par un Marchand Italien avec pluſieurs autres qu'il avoit achetez de ce Juif pour les emporter en ſon païs, afin de les vendre à des Droguiſtes.

Eſtant à Lion des garçons Chirurgiens, de ma connoiſſance, acheterent de l'executeur un corps qui avoit eſté pendu, pour apprendre quelque choſe deſſus, & en ayant conſideré tout ce qu'ils voulurent, ils s'aviſerent pour retirer l'argent que leur avoit coûté ce cadavre, de le frotter de goudron & faire ſeicher dans un four, & le vendirent à un Droguiste beaucoup plus cher qu'il ne leur avoit coûté, luy faisant à croire que c'estoit une mummie d'Egypte.

Je m'étonne comme les Medecins ordonnent de prandre de la mumie, sçachans que la plûpart de ces corps mummiez sont de galleux, ladres, verollez & pestiferez, dont l'odeur cadavereuse en fait connoistre la malignité, & comme il y a des gens si frians à manger de ces charognes qui causent mal d'estomach, dégousts & vapeurs puantes, estant poison pernicieux duquel se servent les pescheurs pour enyvrer les poissons, ainsi que de cette espece d'Aconit nommée Noix vomique.

Chap. XXVII.

Embarquement de l'Heureux Esclave dans une caravelle d'Alger, pour aller écumer la Mer de Levant & de la rencontre d'un vaisseau François qui se sauva.

QUatre ou cinq jours aprés que nous eûmes abandonnez l'art de soufflerie il se fit un armemant de deux grands vaisseaux & d'une caravelle, dont celuy qu'il la commandoit estant bon amy de mon Patron, n'ayant point de Chirurgien me prit pour aller avec luy.

Quoy que le vaisseau fut bien avitaillé, mon Patron voulut que j'emportasse pour matelotage un baril d'eau de vie, & un sac plein de raisins secs, de figues & biscuits blancs; Estant embarquez nous sortîmes du Port poussez d'un beau frais de Ponento Maestro, qui nous obligea de chasser au Levant, nous fûmes ainsi deux jours allans de boulline large; Aprés quoy le vent se changeant en Tramontano masestro halizé nous obligea de nous mettre accort pour ne nous point perdre.

Le vent sautant devant nous nous emminâmes nos huniers, ne portant que les basses voiles pour tenir la Mer, afin de ne point reculer; mais le lendemain le vent augmentant ayant crainte d'estre battu d'une tempeste cinglâmes au Lebeccio pour trouver terre, les autres vaisseaux de nôtre compagnie gagnerent une baye size sous des promontoires, à quelques vingt mille de nous, d'où en estant tombez avant le vent quelques cinq mille les regagnans, nous relaschames en la baye environ trois heures aprés, avec bien de la peine, la mer estant fort montagneuse, laquelle continuant sa colere en attendant qu'elle s'appaisa nous fimes les eaux en un beau ruisseau proche de nous, quoy que nous en eussions encore pour plus de six jours.

La tempeste ayant continué toute cette journée & la nuict, le lendemain du grand matin nous aperceûmes en pleine mer à quelques dix mille de nous un vaisseau à la Cap, jugeans qu'il estoit Chrestien, la mer n'estant plus guere furieuse nous obligea de lever les ancres pour aller vers lui, afin de l'attraper, reconnoissans nôtre dessein & que nous estions Corsaires de Barbarie déploya tous ses voiles qu'il avoit troussez pour eviter d'estre échoüé par l'amarour du temps nous chassâmes aprés.

Nôtre Vaisseau estant bon

voillier, les *Rays*, qui veut dire *Capitaines* des autres, trouverent à propos de nous détacher pour aller aprés; cela fut fait & l'ayant approché de la portée du canon, & comme la nuict venoit nous fûmes obligez de mettre une lanterne sur nôtre Poupe pour signal aux autres, de s'aprocher vîte & ne se point perdre de nous.

Le Vaisseau que nous poursuivions alloit toûjours à voiles tendus & sans lumiere.

Le vent venant à changer ayant crainte que ce Vaisseau ne nous échapast, en estant fort prés, reconnoissant qu'il estoit François, un Renegat de pareille nation l'ayant sommé de se rendre à nous, & que nous luy donnerions bon quartier, & à tous les autres qui estoient dans son bord, que l'on le mettroit aux plus prochaines terres Chrestiennes; Ayant fait réponse que si nous ne nous retirions qu'il nous maltraiteroit:

Voyant que nous luy voulions prendre le vent pour l'attaquer, en attendant les autres ayant par prevoyance fait charger ſes canons de barres de fer pour nous ôter le pouvoir de plus le pourſuivre, fit tourner ſon bâtiment deſponde, & fit faire une décharge ſi furieuſe ſur le nôtre qu'il déchira tous nos voiles d'embas, tua deux de nos Matelots, trois Ianniſſaires, & en bleſſa plusieurs; Pour dequoy nous vanger déchargeâmes les nôtres ſur luy, mais dans ce temps il fit revirer ſon vaiſſeau viſte, cinglant comme il avoit fait à voiles tendus avec un vent arriere; Nos canons ne luy ayant pas fait grand mal il ſe retira à la faveur des ombres de la nuict, tandis que je fus empeſché à penſer les bleſſez qu'il avoit fait, les Matelots à racommoder les cordages & les voiles, le grand Humier eſtant tellement dechiré qu'ils furent obligez de deverguer le petit pour le reverguer au grand.

CHAP. XXVIII.

De la prise d'un vaisseau Anglois par les Corsaires d'Alger, & du traittement qu'ils firent à ceux qui estoient dedans.

LE jour estant venu nous battîmes la mer louians pour découvrir le Vaisseau qui nous avoit échapé, mais en vain, s'estant par trop éloigné de nous, ce qui nous obligea de reprendre la route de la Mer de Levant, en laquelle nous avions conclu d'aller pour attraper quelques vaisseaux Chrestiens negotians en Egypte, Damas ou autres endroits. Nous allâmes trois jours entiers avec vent arriere derivans, aprés lesquels survenant calme plat nous demeurâmes quelques jours ſans avancer ny reculer,& venant à fraiſchir de Maeſtro nous partîmes mettant nos prouës vers Sicile, où eſtant proche des côtes nous aviſâmes un petit bâtiment qui en laiſſoit le Cap,gaignant la pleineMer. Croyans que ce fut un Chrétien, n'eſtant pas à plus d'un mille de nous,nous fûmes aprés,& cõme il avoit arboré le Pavillon d'Eſpagne, il le deſarbora élevant un ſẽblable aux nôtres & en meſme temps baiſſa ſon hunier pour nous faire connoître qu'il eſtoit de nos amis Fregate de Tripoly. Eſtant prés de luy nous l'interrogeâmes pour ſçavoir ſon deſſein, ſurquoy il nous dit eſtre à croiſer pour attraper quelque barque de paſſagers trajettans d'Eſpagne és Iſles de Sicile, de Malte, de Sardaigne ou autres lieux de la Chreſtienté, nous voulumes l'obliger de venir avec nous; ce qu'il nous refuſa, diſant, qu'un petit bastimant de vingt hommes luy seroit plus profitable que six en nôtre compagnie, chacun y devant avoir part, & luy la seule qu'il pourroit attraper. Sa réponse nous étonna pour n'estre point accompagné, ce que nous luy témoignâmes, à quoy il nous répondit, qu'il savoit prendre & se sauver, ayant à la pointe du jour franchi une basse, estant poursuivi d'une des Galleres de la Religion, qui pour estre trop chargée s'estoit engravée, il nous donna avis qu'il y en avoit quatre qui tenoient la Mer. Quoy que pourtant nous en apprehendions la rencontre nous ne laissames pas de continuer nôtre route avec le vent en poupe, & ayant voguez encore sept ou huit jours nous apperceûmes à la hauteur de Rodes un grand vaisseau, qui pour aller doucement le reconneûmes estre Marchand fort chargé, qu'indubitablement il estoit Chrétien, nous nous resolumes de le joindre, ce qu'ayant fait, sommâmes le Maistre de se rendre à nous, luy declarant estre d'Alger. Il croyoit que pour avoir un passe-port du Bassa d'Alep il ne devoit rien craindre; ce qui l'obligea au lieu de nous parler avec civilité de nous dire, que si nous avions la hardiesse de l'attaquer, que se defendant il nous feroit perir s'il pouvoit, & que si le malheur lui en vouloit de souffrir quelque tort de nous, il nous en feroit chastier comme nous le meriterions.

Ces remonstrances & menaces au lieu de nous intimider nous irritans davantage le sommâmes derechef de se rendre à nous pour Alger, à quoy ne voulant écouter & s'estans mis en estat de combatre l'attaquâmes avec tant de fureur qu'aprés cinq heures de combat, tant de canons que de mousquets, & reconnoissant que son

Vaisseau prenoit eau il mit haut le Pavillon blanc, lequel nous faisant connoistre qu'il se rendoit à nous, nous envoyâmes nos esquifs vers eux.

Chaque Iannissaire prirent son esclave, les foüillerent, leur prenant tout ce qu'ils trouvoient sur eux, & ensuite on les mit sur le lest de nôtre bord à la chaîne, ne laissant que les Matelots sur le Tillac pour gouverner les voiles, & cinquante hommes pour les garder & conduire, ce vaisseau estant chargé de quantité de Marchandise de soyes, cottons, cottonines & drogues venant de Levant, on le déchargea en partie dans les autres pour le randre plus leger qu il n'estoit, & estant racommodé on mit dessus un Bouloucbachy en qualité de Ray & un Odabachy en qualité de Bouloucbachy pour y commander cinquante Iannissaires que l'on y envoya, outre trente qui estoient déja dessus qui y demeurerent. Cette prise nous paroissant assez considerable nous fit prendre resolution de retourner en Alger; Pour cét effect nous reviramesnos voiles avec un vent de Sirocco qui nous estoit favorable qui se tourna en Ostro, nous voguames avec toute la journée & la nuict, nous donnant de poupe, consolans nos nouveaux esclaves, leurs disans, *No Pilla fantasia Dios grando si venira ventura ira acasa toua*, qui veut dire, *ne vous affligez pas, Dieu est grand, il viendra une autre adventure qui vous fera retourner en vôtre maison.*

Le matin à Soleil levant ne faisant point de vent nous avisâmes six Vaisseaux plats & deux de hauts bords venans vers nous; cela nous donnant de la crainte nous obligea de tendre tous nos voiles pour prendre la fuite, croyans que c'estoit des Chrétiens.

Les autres quoy qu'Ottomans s'imaginans aussi que nous estions Chrestiens pour estre arborez du Pavillon d'Espagne, nous donnerent la chasse, estans prés de nous les reconnoissans entre deux Galleres, quatre Mahones & les deux de hauts bords Turcs, abbaissâmes nos humiers ôtans nos Pavillons Chrestiens pour arborer les nostres verds parsemez de croissans d'argent; Cela les ayans surpris, nous témoignerent estre fâchez d'avoir esté trompez, croyãs que nous estions quelque petit renfort pour Candie qu'ils pretendoient emporter, mais voyans que nous estions coureurs de Barbarie, plus intentionnez à écumer la mer que de les suivre, pour faire quelques genereux exploits nous laisserent aller prenans la route de Candie, & nous des côtes de Barbarie avec un Levanto Ostro, qui nous fit aborder les côtes dés le soir, le long desquelles chassammes.

Eſtans à la hauteur du Cap de Raſanſen nous aviſâmes quatre autresVaiſſeaux plats venans vers nous, ce qui nous obligea de mettre tous nos voiles au vent pour nous jetter ſur les ſeiches de Barca pour nous y ſauver, croyans que c'eſtoient les Galleres de Malte deſquelles nous avoit parlé le Capitaine de la Fregate de Tripoli que nous avions rencontré vers les côtes de Sicile, mais les uns & les autres fûmes trompez lors que les Vaiſſeaux qui nous pourſuivoient nous reconnurent écumeurs de Barbarie, & nous les reconnoiſſans deux Galleres & deux Saïques de Conſtantinople, nous les ſaluames tant de nos humiers que nous mimes bas, que de deux coups de canon que nous tirames chacun; Cela n'empeſcha pas qu'ils ne nous approcherent pour nous demander des nouvelles de la Mer, & ſçavoir s'ils ne pourroient point attraper

ce

ce que nous ne cherchions pas, qui estoient des Vaisseaux de Malthe ou autres, allans pour donner du renfort à la Canée, & aprés quelque entretien ils nous quitterent reprenans la Mer, nous laissans continuer nôtre chemin pour aller à Alger, lequel voyant trois jours aprés nous mimes nôtre Pavillon sur le cul. Quoy que nous vissions à la rade sept vaisseaux que nous devions craindre estre Chrétiens, quoy qu'ils fussent des nôtres venans Delbecan, qui attendoient l'Orde du Diuan pour entrer. Les reconnoissans tels les aprochâmes, & ayant tiré les boulets de nos canons, les tirames tous pour saluer la ville en signe de réjouïssance. Tous les Esclaves furent détachez & monterent sur le Tillac, puis entrâmes dans le Port, où là d'abord ces Esclaves furent descendus pour estre menez chez les Armateurs. Ces vaisseaux furent devoilez &

demaſtez, ainſi qu'on a de coûtume de faire en cette Ville. Ce vaiſſeau que nous avions pris, les marchandiſes & les Eſclaves furent vendus peu de jours aprés & diſtribuez, dequoy mon Patron en eut pour ma part plus de trois cens cinquante piaſtres.

CHAP. XXIX.

Comme l'on voulut obliger l'heureux Eſclave de faire l'office de Boureau, & comme il en fut degagé.

LE lendemain de mon arrivée de la courſe que j'avois faite, la priſe qu'avoient faite ceux avec qui j'avois eſté, eſtant grande, mon Patron me donna deux Patagons pour me réjouïr. Comme je m'en allois en la Bagne du Baſſa voir Dom Hieroſme de Caruala &

autres de mes amis, je fis rencontre dans la grande ruë d'une multitude de Turs, Maures & Arabes suivans un patient Mahometan, condamné d'estre étranglé. Soit que mon Patron n'eut point eu advis de cette execution, ou soit que ses affaires luy eussent fait oublier de m'en advertir, je fus pris par les *sauces*, qui sont comme en France les *valets de l'executeur*, pour me faire faire l'execution, quoy que je resistay fort, ne voulant point obeïr ny à ces sauces, ny à leur maistre le *Mesuart*, qui est comme le *grand Prevost*, qui fait aussi l'office d'executeur, j'aurois esté contraint par force & à coups de bâtons de faire ce qu'ils desiroient, mais par un bonheur pour moy l'on apperceut un autre Esclave grand & robuste, aprés lequel les sauces coururent, & l'ayant pris l'emmenerent pour faire ce qu'ils me vouloient faire faire, à quoy il ne resista pas au contraire, ayant mis la corde au col du patient aidé des sauces, l'ayant jetté par terre l'étrangla avec un bâton passé au travers de la corde qu'il tournoit comme voyez à la figure suivante.

La grace & la dexterité avec laquelle je luy vis faire cette execution me fit croire qu'il estoit executeur, mais j'appris qu'il estoit le fils d'un Marchand Hollandois.

M'enquestant pourquoy le Mesuart ou ces sauces n'avoient pas étranglé ce Mahometan, Turc de nation, il me fut répondu qu'ils n'avoient garde, les ayant prié de le faire mourir de la main d'un Chrétien pour meriter.

Estant de retour chez mon Patron, je luy racontay la chose, & me plaignant de l'insolence des Sauces & du Mesuart qui m'avoient voulu faire faire l'office de bourreau, & de ce qu'ils l'avoient fait faire à cét Hollandois, au lieu de le faire eux mesmes estant leur mestier, il me dit que quand bien ce condamné ne les auroit pas prié de le faire executer par un Chrestien, croyant que c'est faire un grand peché de faire mourir de leurs mains un de leurs freres, afin qu'ils ne soient pas soüillez de ce crime, ils font faire toûjours cette execution par un Chreſtien le premier qu'ils rencontrent par la ruë, & que n'y en rencontrant pas, le Meſuart en va querir un dans la premiere bagne qu'il s'aviſe.

CHAP. XXX.

Seconds entretiens de L'heureux Eſclave avec Dom Hierôme.

LE lendemain je fus voir Dom Hierôme que je trouvay aſſis, entouré de pluſieurs eſclaves de condition, lequel ayant interrompu, eſtant en conference avec les autres, les ayant tous ſalués & pris place, je le priay de continuer ſon diſcours pour en profiter; ſur quoy il me répondit que ce ne ſeroit pas de grand choſe ne s'entretenans que des opinions ridiculles ue certains Philoſophes comme d'Arcesilas de Pitane qui vouloit que nul ne peut rien sçavoir, tout estant incomprehensible, Pirrhon, qu'il n'y a rien de veritable & de Pythagore avec sa metempsicose, Pythagore luy dis-je ne doit point être mis au nõbre de ces Philosophes ridicules, mais cõsideré, comme un hõme remply de l'esprit Divin, qui par les principes paraboliques qu'il enseignoit, par cette metempsicose disant, que l'ame d'un glouton entroit dans le corps d'un cochon celle d'un paresseux dans celuy d'un asne, celle d'un sanguinaire dans celuy d'un Tigre, ainsi de celles de tous les autres, en des corps de brutes suivant leur inclination brutalle, pour obliger les hommes de se retirer des vices, & embrasser les vertus qui nous rendent dignes images de la divinité. Et d'Heraclite qu'en diresvous, qui ne pouvoit sortir de son logis sans pleurer, se rememorant la misere de l'homme, qui dans son enfance n'est qu'une maladie, dans son adolescence une importunité. Commençeant à gouter les sciennes devient pensif & chagrin, estant caduc est miserable radoteur, faisant toûjours des recits importuns des traits de sa jeunesse, en verité luy dis-je si je n'avois un cœur Democritien, mais un Heraclitien, je pleurerois continuellement la misere de l'homme aussi bien que luy, qui outre ce que vous venez de dire & l'accablement des travaux, chagrains, infortunes, est encore sujet à milles maladies, sans cõpter celles causées tant des influences des Astres intemperies de l'air, qu'exalaisons tant de la terre que des eaux inconnuës à plusieurs, qui pour avoir leu les aphorismes d'Hypocrate, les conseils du Conciliateur, ceux de Mathieu de Gradis, les fins d'Avicene, les advertissemens de Ficin passans pour

pour Medecins tuent impunement les malades au lieu de les guerir, comme firent les disciples d'Hypocrate aprés sa mort, que les Senateurs d'Athene chasserent de la Grece, abolissant la medecine de leur Republique qui fut relevée cent soixante dix ans aprés par Chrysippe qui la mit en opinions au contraire de celle d'Hypocrate qui étoit fondée en raisons.

Le Senat considerant que la Medecine de Chryssipe estoit aussi dommageable que celle d'Hypocrate chasserent derechef les Medecins de la Grece où l'on n'entendit plus parler d'eux que cent ans aprés, qu'ils s'y restablirent par le moyen d'Erisistrate qui remit en vogue la Medecine, ayant guery le Roy Antiochus d'une maladie des poulmons, de laquelle cure il en eut mils talens d'argent & une coupe d'or.

Quelque peu de temps aprés la

Senat voyant que les disciples & imitateurs d'Erasistrate estoient aussi temeraires que ceux d'Hypocrate & de Chryssipe, & qu'ils prenoient plus de peine à attraper l'argent des malades qu'à les guerir, les chasserent, defendans de plus lire la Medecine, ainsi elle fut abolie pour la troisiéme fois, & rétablie cent ans aprés par Euperice Sicilien qui l'enseigna publiquement à Athene, comme Herophile faisoit à Rome, aprés la mort duquel, Archagatus estant en vogue dans la Morée les Romains le firent venir chez eux, & l'ayant receu Bourgeois & fait dresser une boutique des deniers publics, cauterisant pour toutes maladies il en fut chassé, comme aussi les autres Medecins, sans rien emporter, leurs biens ayant esté confisquez.

Les Atheniens ayans receu déplaisir des Romains, & estans en paix avec eux, sçachant dissimuler, pour s'en vanger envoyerent six Medecins à Rome, pour par leur art les faire mourir : Ce qu'ayant appris Caton d'Vtique en écrivit à son fils Marcelius, afin qu'on ne les laissa pas entrer dans la ville, mais qu'on eut à les chasser de l'Estat ; Ce qu'ayant esté fait Messue s'estant introduit aprés dans Rome, taillant, coupant & charcutant les malades pour les guerir, fut lapidé & ses disciples comme Bourreaux & détructeurs du Genre-humain.

L'Empereur Neron ayant fait revenir des Medecins à Rome, ils y exercerent leur science en paix jusques au temps de Tite qui les en chassa ; mais Trajan ayant fait venir Gallien en sa Cour par son beau parler & ses experiences, remit en vogue la Medecine.

Les Goths ayans reconnu qu'il se commettoit de grands abus parmy les Medecins, qui non contens de piller la bourse des malades, la faisoient aussi piller par les Chirurgiens & Apotiquaires se donnans de la besongne l'un à l'autre, ordonnerent que le Medecin & le malade conviendroient entr'eux, le Medecin de rendre le malade en convalescence, & le malade de le payer estant guery; Que si un malade venoit à mourir, où aprés y avoir fait tout ce qu'il avoit pû sans avoir reussi, outre qu'il avoit perdu ses pas, estoit traitté d'ignorant & obligé de payer les drogues de l'Apothiquaire.

Cette Loy estoit bien rigoureuse, me dit Dom Hierosme passant, luy répondis-je que celle des anciens Egyptiens, qui faisoient payer grassement les Medecins, quand ils avoient guery les malades & confisquer leurs biens & pendre, quand ils mouroient entre leurs mains par leur faute. Ce que sçachant Hypocrate, pour empescher que ceux qui exercent la Medecine tombent dans tels hazards, enseigne dans sa loy, que nul ne peut estre bon Medecin, s'il n'est fortuné, aussi voyons nous beaucoup plus d'ignorans en vogue que de sçavans. Un autre esclave me venant querir pour aller parler à mon Patron, je fus obligé de quitter Dom Hierosme & sa compagnie de qui je pris congé.

Chap. XXXI.

Embarquement de l'heureux Esclave sur une Galliotte d'Alger & de la prise d'un vaisseau de Zelande.

ESTant au logis mon Patron me dit que *Daout Ray*, qui veut dire le *Capitaine David*, que j'avois depuis peu guery de la maladie secrete, m'avoit demandé pour aller en course avec luy en qualité de Chirurgien devant partir le lendemain avec luy sur son bord, qui estoit une Galliote. Cela me surprit sçachant avoir un Chirurgien, & d'estre commandé si promptement, sans avoir un jour ou deux pour accommoder mon coffre ; Ce qu'ayant dit à mon Patron, il répondit que je ne m'en devois pas étonner, *Daout Ray* se fiant plus à moi qu'à son Chirurgien, auquel il avoit fait accommoder son coffre de telle sorte qu'il n'y manqua rien, & me dit d'aller chez luy; ce que je fis, & l'y ayant trouvé, aprés m'avoir fait voir le coffre de son Chirurgien, que je trouvay en bon estat, voulut me retenir pour souper & coucher, l'ayant remercié & promis de revenir le lendemain de bon matin. Ie retournay chez mon Patron, qui le lendemain me conduit chez Daoust Ray, lequel aussi tôt que je fus arrivé fit porter le coffre de son Chirurgien dans son bord, sur lequel je montay avec lui dés devant le jour, le gardien du magazin ayant delivré tout ce qui estoit necessaire pour mettre nostre Galliotte en estat de partir avec deux Fregates. Tout estant prest, nostre Galliote estant levée de poste, les Esclaves vogueurs donnans des rames en l'eau pour sortir du mole aprés avoir tiré le nanon de partance, nous voguâmes huit ou dix jours batans la mer sans rien voir, pour donner la chasse, l'vnze ou douziéme avisans à quelque quinze mille de nous un vaisseau en pleine mer, nous tournâmes nos prouës vers luy; Ceux qui estoient dedans appercevans nostre approche, se doutans bien que nous estions Corsaires de Barbarie, tous leurs voiles estans tendus, ne faisant presque point de vent doublerent encore leurs vergues de voiles, y mettans des matereaux & bonnettes à côté des grands voiles pour aller plus viste, gaignans toûjours la pleine mer, esperans qu'il se leveroit quelque gros temps qui les favoriseroit avançant leur voyage, & qui nous obligeroit de retourner gagner les côtes, n'en venant point nous voyans déja prés & fort avancez faisans canal vers leur bâtiment ils s'aviserent pour mieux fuir de mettre six pieces de canon sur leur Poupe qu'ils tirerent continuellement pour avoir plus de vẽt; Ce qui n'empécha pas que nous n'approchâmes d'eux de la portée du canon Daout Ray voyant par le Pavillon de ce vaisseau qui estoit de couleur orangé, qu'il estoit des Provinces Vnies des Païs bas, envoya vers ceux qui estoient dessus, un Renegat Hollandois les sommer de se rendre pour Alger, le Maître luy ayant répondu qu'avant que de le faire il en feroit perir plus de deux cens, & qu'avec son canon il pourroit par force obliger ceux qui vouloient prendre son vaisseau qui n'estoit point à luy, mais aux Armateurs, la marchandise qui estoit dedans aux Marchands de se retirer, remportant de ses marques. Le Renegat ayant rapporté à Daout Ray la réponse de ce Maître approchant le vaisseau de plus prest, il le fit saluer de ses coursiers, pieriers & moyennes chargées de balles à fiche qui dechirerent partie de ses basses voiles & les cordages; Il nous répondit de seize pieces de canon, qui ne firent qu'une petarade, estant passez & luy ayant gagné le Soleil, les deux Fregates ayant fait leur devoir de mesme que nous, une de leur balle ayant attrapé le mast d'Artimon, éclaté & ébranlé de telle sorte qu'il pensa tomber de bande dans la mer, renversant le vaisseau. Ce qui ayãt épouvanté ceux qui estoient dessus, mettant bas les armes, demandans quartier, Daout Ray l'ayant arambé, fit entrer cinquante ou soixante Janissaires dedans & un Officier, qui fouïllerent tous ceux qui y estoient, & ensuite les firent passer à nôtre bord où ils furent mis à la chaine, à la reserve de dix Matelots qu'on laissa sur le Vaisseau pour le gouverner, racommoder les voiles & les cordages. Venans à fraîchir de Greco nous reprimes la route d'Alger où nous y arrivâmes deux jours aprés avec nôtre prise, que j'appris estre de Zelande. Ce Vaisseau ayant esté vendu les marchandises & les gens, mon Patron en receut plus de cent patagons pour ma part.

CHAP. XXXII.

D'un Maure gangé pour avoir tué un Ianissaire.

QUelques jours aprés mon debarquement, un Turc de la milice d'Alger ayant pris different avec un Maure qui avoit fort maltraitté de coups de poings, pieds & de bâtons se deffendant, lui ayant donné un coup de coûteau dans le ventre, ayant esté pris & mené prisonnier, ce Turc estant mort quelques jours aprés le Maure fut condamné d'estre gangé.

Si-tost la Sentence prononcée il fut mené dans une tour de la porte de la Piscadiere, où là y ayant esté dépoüillé il fut precipité d'enhaut par une fenestre sur les ganges, comme voyez en la figure ſuivante.

Ie m'étonnay de ce que nul ne le plaignoit, chacun diſant qu'il meritoit bien d'eſtre là où il y auroit eſté mis ſans la mort du Turc, un acuſé devant le Cady juſtifiant qu'il avoit fait faux ſerment, ſans lequel il n'auroit eſté qu'eſtranglé. I'appris par là & ſuivant qu'il me fut auſſi dit, que c'est le supplice des faux témoins & parjures, les femmes estant jettées à l'eau dans un sac pour y estre noyées,

---

Chap. XXXIII.

D'un Marabous qui donnoit des coups de bâtons aux Mahometans pour effacer leurs pechez.

COmme je m'en allois me promener avec un Esclave François vers la porte nommée Babazon, je fis rencontre dans une ruë d'un Marabous de dehors la ville, qui est comme l'on peut dire un Hermite ou Religieux, vestu d'un méchant bernus, ayant une grande barbe, la teste & les pieds nuds, à son col un gros chapelet de bois, sur chaque grain duquel, le tirant disoit *Stafer lah*, qui veut dire, *Dieu ayez pitié de moy*, & de l'autre main tenoit un gros bâton, comme vous voyez en la figure ſuivante.

Pluſieurs luy donnoient de l'argent, les uns plus, les autres moins par aumônes, lui diſant *alla bit ſi alliec*, qui veut dire *pour Dieu vous ſoit*, & pour recompenſe leur donnoit à chacun un petit coup de bâton, les pauvres & enfans, quoi qu'ils ne luy donnassent rien, lui allant baizer son bernus, il les favorisoit aussi de coups de bâton, ce qui m'obligea de m'enquester de mon Patron de quelle maladie guerissoient ces coups: A quoi il me répondit que la croyance des Mahometans estoit qu'ils effaceroient les pechez.

CHAP. XXXIV.

Plaisant châtiment fait à un Turc pour avoir esté trouvé couché avec une Chrestienne, & de celuy que l'on fait souffrir aux Chrestiens trouvez couchez avec des Mahometanes.

LE lendemain estant dans la grande ruë qui va de Babazon à Babaloet, proche de la Mosquée des Turcs, je vis de loin venir une quantité de peuples suivans, avec un bruit de réjouïssance un asne qu'un sauce menoit par le licol, sur lequel estoit monté un Turc à reculon, le dos tourné vers la teste de l'âne, tenant sa queuë pour bride, & deux autres sauces qui le souffletoient l'un aprés l'autre, avec une fressure de cochon, comme voyez en la figure suivante.

M'enquestant pourquoy l'on traittoit ainsi cét homme, l'on me dit que c'estoit pour avoir esté trouvé habitant charnellement avec une Chrestienne Esclave d'un de ses voisins, demandant quel supplice on faisoit souffrir à un Chrestien ainsi trouvé avec une Mahometane; Il me fut repondu qu'il estoit brûlé vif, un Iuif pareillement, & la Mahometane enfermée dans un sac & jettée en l'eau pour y être noyée; si le Chrestien ou le Iuif ne renioient leur loi pour embrasser celle de Mahomet, auquel cas on ne fait mal ni à l'un ni à l'autre.

Quoy que ces deux especes de châtimens devroient donner de la crainte aux uns & aux autres, cela n'empesche pas que les lubriques Chrestiennes & Mahometanes, n'aillent en Alger, Tunis & Tripoly dans les bagnes qui sont lieux de franchise pour toutes les abominations permises, pour s'y proſtituer à qui en veut, afin d'aſſouvir leurs paſſions brutales.

CHAP. XXXV.

Rembarquement de l'Heureux Eſclave ſur les Galleres d'Alger & de la priſe d'un Vaiſſeau Portugais, & du traittement que l'on fit aux nouveaux Eſclaves pris dedans.

QUinze jours ou trois ſemaines aprés mon retour de courſe du Levant ayant eſté conclu au Divan d'armer quatre Galleres & deux Brigantins pour aller en courſe. Mon Patron ayant appris cette nouvelle, fut trouver un des Armateurs pour l'obliger de me faire embarquer ſur cet armement en qualité de Chirurgien, lui donnant à connoître ma capacité deja assez connuë par le recit des Officiers des Vaisseaux avec qui j'avois esté auparavant, estant assuré d'une place sur un des Brigantins, le General des Galleres ayant apris de cet Armeur la volonté de mon Patron, lui manda d'aller le trouver & m'emmener avec lui ; Ce qu'il fit, estant en sa presence il lui demanda s'il me vouloit lui vendre, auquel ayant répondu que non, me voulant garder comme don du Bassa, qu'il consideroit plus que tout ce qu'il avoit; il lui repondit, que puis que le Bassa m'avoit donné à lui qu'il desiroit, qu'il me preta pour l'accompagner sur sa Gallere, en la qualité que j'estois, lui promettant de lui faire delivrer la part qu'il me seroit deuë des prises que l'on feroit, ne lui pouvant refuser en fut donner avis à l'Armateur pour qu'il mit un autre Chirurgien en ma place.

Quatre jours aprés ayant mis à la voile tournâmes nos prouës vers le Levant avec un petit frais en poupe, derivans sans toutefois perdre la veuë des côtes, nous vogames ainsi quelques jours sans rien avoir rencontré qu'une barque de Majorque chargée de douze passagers & quatre matelots qui furent mis à la cadene, & la bargue à marée au derriere de la Gallere qui l'avoit prise.

Au bout de huit ou dix jours nous decouvrîmes de loin un Vaisseau François, environ une heure avant Soleil couchant, aprés lequel nous fûmes, pretendant l'attraper, mais aidé d'un vent de Lebeccio qui lui estoit favorable, s'appercevant de nôtre volonté & que nous estions corsaires, fit si bien avec ses voiles qu'il se perdit de nous à la faveur de la nuict; Ce qui ne nous empescha pas de voguer aprés, pretendant l'atteindre, mais ayant pris une autre route que nous ne croyons, ne l'appercevant plus, estant jour nous obligea de croiser de côté & d'autre.

Appercevans sur le midy un autre vaisseau, que nous reconnûmes estre Portuguais, monté de vingt huit à trente pieces de canon, nous fûmes aprés, & l'ayant approché de la portée du canon, ne s'estant pas voulu rendre à la sommation qu'on lui avoit faite, nôtre General fit poser de telle maniere nos Galleres & Brigantins qu'il ne se pouvoit echaper, & d'abord l'approchant nous le saluâmes d'un de nos canons de coursie si à propos que nous lui cassames partie de son estambord & emportâmes la moitié de son Gouvernail. Dans ce même temps une autre de nos Galleres qui estoit à l'autre bout lui tira un autre coup si adroitement qu'elle luy cassa le mas de Beaupré au dessus de l'Eperon, qui obligea ces pauvres Portugais de couper promptement les etais & les autres cordages qui tenoient au maſt de mizanie, pour laiſſer aller le maſt rompu en mer, l'ayant approché de plus preſt nous fimes une decharge de nos moyennes & perriers qui en tua & bleſſa plus de vingt qui eſtoient ſur le Tillac, & apres cela nous l'arrembâmes & primes, les morts & deſeſperez furent jettez en mer, & les autres mis à la cadene ſelon la coûtume.

Tout le mal que ce vaiſſeau nous fit fut d'avoir emporté l'arbre d'un de nos Brigantins, qui le penſa faire couler à fond, tua deux Eſclaves vogueurs & bleſſa trois ou quatre Janiſſaires.

Comme nous eſtions dans le deſſein de mener ce Vaiſſeau de *Galima*, qui veut dire *de priſe* au Cap de Gigiry, d'où nous n'eſtions à pas plus de ſoixante mille pour l'y raccommoder. L'on donna avis à nôtre General que l'eau manquoit, & qu'auprés d'où nous estions il y avoit une tres bonne fontaine, il commanda que l'on voguast vers ce lieu là, où y estant prés & ancrez proche les côtes, l'on mit à terre de Gallere & Brigantin un bon nombre d'Esclaves tous enchaînez de cinq en cinq, portant chacun un baril sur son espaule, & conduits ainsi par environ la moitié autant de Mousquetaires pour leur faire faire l'egade tous ensemble à la fontaine qui estoit à environ une portée de mousquet de la mer.

Nôtre General trouva à propos de faire calfeutrer le vaisseau que nous avions pris, ce que les Maistres de haches & calafats firent, sejournant là les Arabes & Maures des environs ne manquoient tous les jours de nous apporter des raffraichissemens que nous leurs achetions.

Comme ce Vaisseau n'avoit

que du lest des provisions de bouches suffisamment pour six mois, ne s'estant pas trouvé deux mille patagons entre tous ceux qui estoient dedans au nombre de deux cens cinquante ou environ, entre lesquels plusieurs paroissent nobles & bons Marchands. Pour en sçavoir les qualitez s'en fit amener un jeune garçon dans sa chambre, auquel il fit demander son nom & sa qualité, s'estant dit un pauvre, qui s'estoit embarqué avec six honnestes gens qu'il servoit, lui ayant demandé lequel des six estoit son maistre, & de quelle condition ils estoient, il répondit qu'ils l'estoient tous six, qu'il croyoit n'estre que soldats. N'en ayant pû tirer autre raison, d'amitié, ni par menaces, il le fit sortir de sa chambre & coucher sur la coursie de la Gallere, le fit tenir par quatre & donner sur le ventre soixante ou quatre-vingts coups

coups d'*estrop*, qui est un *bout de corde long de trois pieds de moyenne grosseur*, pour l'obliger de dire autre chose; mais ne confessant rien il le fit laisser, & en reprendre un autre qui n'avoit au plus que seize ans, qu'il fit exhorter par un Renegat Portugais de dire amiablement les qualitez & noms de ceux qui avoient esté pris avec luy, ayant répondu qu'il n'en connoissoit pas un, le General le menaça que s'il ne declaroit d'amitié ce qu'on luy demandoit, qu'il lui feroit declarer par force. Ayant à cela répondu, que quand on le devroit tuer il n'en diroit pas davantage; Il receut pour sa réponse cent coups de bout de cable sous la plante des pieds, par le commandement de nôtre general, qui ensuite se fit mettre au bord de la Marine, pour s'y pourmenant passer sa colere. Plusieurs Officiers le furent aborder pour lui tenir compagnie: Le soir venant il les invita tout d'entrer à ſon bord pour y ſouper, ce qu'ils firent, & aprés pour divertiſſement fit donner la cale à un des nouveaux Eſclaves.

CHAP. XXXVI.

Defaite des Corſaires d'Alger, avec qui eſtoit l'Heureux Eſclave, par deux vaiſſeaux Hollandois & des Portuguais delivrez.

NOſtre vaiſſeau Portuguais eſtant radoubé, le general y fit laiſſer tous ceux qui eſtoient dedans enchaînez, les conſiderant *Sauvages*, qui veut dire *non propres encore à mettre à la Chiourne*, fit monter deſſus un Bouloucbachi, pour y commander en qualité de Ray, un Odabachi en qualité de Bouloucbachi, cent Ianiſſaires, des Canoniers, un Chirurgien, un Pilote, un maiſtre de haches, un Calafat & des Matelots, puis fit lever les ancres pour reprandre la mer, tirans vers Sadagne en croiſant de côté & d'autre.

Au bout de deux ou trois jours aviſâmes vers le midy, au Maeſtro à quelques trente mille au delà de Minorque, deux vaiſſeaux qui alloient doucement de conſerve, pouſſez d'un frais Doſtro Sirroco, vers leſquels nous voguâmes, nôtre Portuguais nous ſuivant doucement; ſi bien que nous les attrapâmes, y ayant encore une heure de Soleil, quoy qu'ils euſſent mis tous leurs voiles au vent, pretendant qu'il leur fraichiroit davantage, mais ils furent trompez.

Eſtans approchez d'eux à un peu plus loin que la portée du canon, nôtre General les reconnoiſſant Hollandois leur envoya un Renegat Flamman dans l'eſquif les ſommer de ſe rendre pour avoir bon quartier; à laquelle ſommation les Capitaines Hollandois répondans qu'ils n'eſtoiēt pas gens à ſe rendre de la ſorte, que ſi le vent leur manquoit, leur courage n'eſtoit pas de meſme, qu'il s'en retourna dire à celui qui lui envoyoit faire cette demande que s'il approchoit plus prés, qu'il n'eſtoit, qu'il reſſentiroit l'effect de leurs canons; Le Renegat ayant rapporté cette reponſe, nôtre General en eſtant enflé de colere renvoya en diligence l'eſquif vers le vaiſſeau Portuguais advertir ceux qui le commandoient de ſe preparer pour venir vers nous au premier vent, & auſſi-tôt fit planter les pauechades, tant pour couvrir les Soldats que pour les encourager, & leur fit à tous diſtribuer environ demie dragme de *Maſtac* ou *Opium*, faiſant mettre nos Galleres & Brigantins en bataille, rangez en demie lune pour envelopper les Hollandois.

Allans ainsi d'ordre vers eux avec promptitude à force de rames pour gagner leurs poupes, ils virerent si adroitement leurs vaisseaux, qu'au lieu d'estre en ordonnance nous nous trouvâmes pesle mesle nous choquans l'un l'autre.

Nous voyans dans cette confusion se servans de l'occasion nous chargerent l'un à Poge, l'autre à Orse d'une partie de leurs canons qu'ils avoient chargez de cloux, balles de mousquets, barres de fer, dequoy ils nous tuerent plus de cent Janissaires, deux de nos Rays, gasterent toute une Chiourne, & percerent grande partie de nos voiles, ils n'eurent pas plûtôt fait cette decharge qu'ils revirerent à la faveur d'un frais de Maestro qui se leva, nous faisant une autre decharge qui nous gâta encore une Chiourne brisa toute la chambre d'un de nos brigantins, tua un de nos Pillotes, bien cinquante Ianissaires, cinq ou six Matelots, & cassa le bras à nôtre Barillar. Pendant cette chamaille ceux qui commandoient nôtre Portuguais en firent tendre tous les voiles pour venir nous secourir, voyant nôtre infortune & firent si bien qu'en demie heure ils aborderent un de ces Hollandois qu'ils arremberent, & ne voyant personne sur le pont tous estant en defense au dedans, l'Odabachi avec ses Ianissaires entrerent dedans tous le sabre à la main fort joyeux, croyant déja en estre les maistres; mais estans tous entrez ils furent bien estonnez de se voir saluez d'une volée de canons qui estoit sur la plate forme contre la porte de la chambre du Capitaine chargez de cloux & de balles de mousquets, ensuite d'un autre de dessous le pont qui les tua presque tous.

Le Pilote & les Matelots qui gouvernoient le Portuguais estans tous Chrestiens voyans l'avantage des Hollandois couperent le pont de corde pour decrocher promptement ce vaisseau se saisissant du Bouloubachi qui estoit resté dedans, & le jetterent en mer avec deux Maures puis ouvrirent lescotille, crians liberté, ce qu'entendu des Esclaves, qui estoient enchaînez au fond de calle ausquels on jetta dequoy se dechaîner, ce qu'ils firent tous montans ensuite sur le Tillac, se voyant pour une seconde fois maistres de leur vaisseau, estans proche de nous firent une decharge de flanc qui rompit une partie de nôtre Tabourin, emporta nôtre Trinquet; ce qui nous obligea de couper promptement les courtiers & masions. Nôtre General irrité de cette affront & de la perte qu'il se voyoit faire du

Portuguais fit donner des rames en mer pour l'approcher de plus prest, commandant aux Iannissaires qui estoient sur la rambade d'entrer dedans pour tâcher de le ravoir ou le blûler; ce qu'appercevans les Portuguais nous firent une saluë d'une douzaine de leurs canons chargez de barres de fer, qui tua une trentaine de Iannissaires, un argousin qui estoit au bas de la coursie, emporta deux bancs commençant d'un côté par l'Espalier; qui est celui qui tient le giron de la Palamante, finissant au Quincerot, & de l'autre côté commençant au Quinterot tua aussi les Quarterot, Tiercerot, Apostis, Viavant & l'Espalier; Cette perte ne fit pas encore perdre courage à nôtre General, si bien qu'il approcha le Portuguais de si prés que plusieurs des Iannissaires, jettans des feux d'artifice pour le brûler, pour recompense ils furent saluez d'une charge de mousquetades qui en tua une bonne partie, les Portuguais voyans l'avantage qu'ils avoient, & le vent se changeant venant de Tramontane, sortirent promptement d'où ils estoient pour tourner les voiles, afin de revirer & se degager de nôtre Gallere & d'une autre qui estoit tout contre ; ce qu'ils firent avec tant d'adresse tirant & revirant de poupe & de prouë sur nous, de telle maniere qu'il pensa nous fracasser & couler à fonds nôtre Gallere, faisant eau de tous côtez, si bien que nous fûmes obligez de nous retirer, & l'autre Gallere qui nous secondoit à force de rames, prenant le vent, abandonnant ceux qui estoient des nôtres sur le Portuguais, pour eviter une pareille saluë qu'ils nous venoient de faire, les bouches de ses Canons estant si basses qu'elles flanquoient justement le bord de nôtre Gallere. Deux autres de nos Galleres & un de nos Brigantins approchans le Portuguais ne furent pas mieux traittez que nous, car pour èviter un ſecond eſclavage les chargerent ſi bruſquement & avec tant de feu qu'ils mirent à fond le Brigantin, emporterent la moitié du couronnement d'une des Galleres, & pour en avoir rompu avec descharges de barres de fer plusieurs alouzies, trois Perquettes, jetté le Randelet dans la mer, & le Fanal qui ſe met au deſſus, tué le Ray pluſieurs Turcs, Maures, Renegats & Eſclaves vogueurs.

Les Hollandois ayant le vent bon tournans viſte faiſoient des descharges ſi rudes ſur les autres qu'ils furent contraints de nous ſuivre à force de rames, faiſans eſcapes prenans la route d'Alger, & comme nous fûmes vn peu éloignez, le Soleil ſe couchant les Hollandois & Portuguais attacherent les Turcs, Maures & Renegats qui eſtoient ſur leurs bords, de deux en deux, dos à dos qu'ils jetterent en mer, à la reserve d'environ une douzaine qu'ils pendirent aux vergues de leurs Navires, ce qui fâchoit fort nôtre General & les autres Mahometans qui voyoient ce spectacle sans pouvoir en prendre vengeance.

Nous voguâmes toute la nuict & le lendemain jusques environ trois heures devant Soleil couchant, que nous entrâmes dans le Port d'Alger fort lentement faute de vogueurs, deux Galleres estant sans banderolles pour marque du deuïl qu'elles portoient de ce que leurs Rays avoient esté tuez, & j'apris que ce vaisseau Portugais estoit un Dromone.

Chap. XXXVII.

Troisiéme entretient de l'Heureux Esclave avec Dom Hierôme, & comme il guerit un enragé.

LE lendemain du matin je ne manquay d'aller visiter Dom Hierôme & ses compagnons, qui ayant apris comme les Portugais & les Hollandois nous avoient traittez, estoient dans la crainte que je ne fus du nombre des morts jusques à ce qu'ils me virent qui les réjouït, & chacun m'ayant fait un petit compliment sur ma bien revenuë & fait asseoir, leur ayant raconté tout ce qui estoit arrivé, Dom Hierôme estant entré en matiere de devis, me demandant pourquoy l'on dit que les Empirics sont des Charlatans, mal luy répondi-je, pusi qu'un *Empiric* est un *Medecin versé & consommé dans l'experience*, tirant sa nomination d'εν, qui veut dire *dans* ou *en* & de πειρα, qui veut dire *experience*, qu'Hypocrate en son serment dit estre le principal de la Medecine le deffaut, un trés-mauvais tresor & richesses malheureuses à ceux qui les possedent tant par le jugement d'un chacun que par effet; C'est une verité me repartit-il: mais à vous entendre faudroit qu'un Medecin sceut toutes les parties de la Medecine, & qu'il exerça la Pharmacie & la Chirurgie; Assurement, luy répondis-je, comme le témoigne Thessale, qui pour s'établir à Rome, fit une harangue dans le Senat, en laquelle ayant fait les eloges d'Hypocrate son pere fit ensuite celles d'un de ses ancestres nommé Nebrus sçavant Medecin de la race des Asclepiades qui fut au secours des

Amphytrions, qui avec de bons remedes & ses conseils chassa la Peste de leur camp qui s'y estoit mise devant la ville de Crissa, de present nommée Lepante qu'ils avoient assiegée, & guerit ceux qui en estoient atteints, & de Galien qui a fait publiquement plusieurs fois dans Rome la Theriaque & autres remedes pour la santé de l'homme, & plusieurs Operations de la main estant Chirurgien comme l'ont esté tous les anciens Medecins jusques au temps du Pape Alexandre III. qui defendit sur peine d'excommunication aux Prêtres & aux Moines d'aller entendre les Physiciens; Ainsi nommoit on en ce temps là les Medecins qui enseignoient dans les Places publiques la Medecine, les uns d'un côté, les autres d'un autre: Ce qui ayant fait retirer la plus grande part de leurs auditeurs obligea les plus sçavans d'eux qui avoient de l'honneur, de la reputation & l'ame religieuse de demeurer en leurs maisons où les malades les alloient trouver pour avoir guerison ; si bien qu'on ne vid plus aux coins des ruës les Theatres fournis, que d'*Apirics* ignorans, *gens sans experiences*, la nommination desquels se tire de la lettre privative d'α qui veut dire *sans*, & de πεῖρα *experiences*, lesquels vulguairement sont nommez *Charlatans*. J'eusse continué mon discours & raconté comme les Ecoles de Medecine se sont établies, l'autorité des Medecins aggrandies, & la Maîtrise des Chirurgiens establie, s'il ne fut venu un Esclave me dire d'aller vîte parler à mon Patron qui estoit chez l'*Armador Cara Moussour*, qui veut dire *l'Armeur Victorieux le noir*, qui depuis deux jours bavoit, écumoit, tiroit la langue & abayoit comme un Chien que le Medecin du Bassa ayant creu que cela luy venoit des intestins eschauffez & du Mezentaire opilé, l'ayant fait mettre à force d'hommes dans une cuve d'eau, il en estoit sorty avec une fureur si grande, mordant deux qui le tenoient & culbutant quatre ou cinq autres, un desquels estoit le Medecin qui en ayant eu l'œil poché d'un coup de poing, sortant de la chambre reconnoissant que cét homme estoit enragé avoit conseillé à ses parens & à sa femme de l'etouffer entre deux matelats; ce qui eut esté fait sans mon Patron, qui estant là present m'avoit envoyé querir pour voir si je ne sçavois pas de remede à ce mal, avant que d'executer cette Sentence; ce qui m'obligea de dire adieu à Dom Hierôme & à la compagnie, pour aller avec l'Esclave qui m'estoit venu querir, qui pour estre Chirurgien, desireux d'apprendre ce qu'il ne sçavoit pas, me demandant d'où je croyois que venoit la cause de la Rage; je luy répondit qu'en l'homme elle s'engendroit d'une semence virulente, tenace, morne & paresseuse, tel qu'est le venin canin, qui par la morsure du chien se glisse, insinuë & s'attache insensiblement à l'humeur melancolique de celuy qu'il a mordu, où là il y demeure comme un feu couvert sous les cendre jusques à ce que le chien devienne enragé, auquel temps par sympatie & correspondance du vice de la nature, ce venin se reveille aussi bien en l'homme qu'au chien qui l'a mordu.

Estant arrivé au logis l'on me montra le malade que je reconnu par ses yeux, son bavement, ses abayemens convulsifs, & autres gestes, qu'effectivement il estoit enragé, quoy qu'il y eut plus d'un an qu'il avoit esté mordu par son chien, qui depuis un mois estoit devenu malade, avoit quitté le logis & fuy à la campagne, comme c'eſt l'ordinaire de ces animaux par un certain inſtinc naturel pour éviter d'eſtre tuez, ainſi qu'aux chiens ſains d'aboyer aprés les enragez, non tant pour les mordre que pour les faire fuïr. L'ayant entrepris de guerir pourveu que l'on fit ce que je commanderois; cela m'ayant eſté promis je le fis bien lier, garoter & porter dans un vaiſſeau, qui par mon ordre avoit eſté appreſté pour le mener deux milles avant en pleine mer, où là je luy fis donner l'eſtrapade moüillée par cinq fois de ſuite, en la premiere il ſe tourmentoit comme un enragé qu'il eſtoit, en la ſeconde pas tant, en la troiſiéme moins, & en la quatriéme il ſe mit à vomir pour avoir beu plus qu'il n'avoit voulu, je l'eut volontiers fait retirer, mais ſçachant que la peur & la douleur eſt un excellent antidote à cette maladie, je luy fis donner la cinquiéme dans laquelle, à ce qu'il me dit depuis, il n'en croyoit jamais rechaper, l'ayant fait retirer & mettre sur un matelas sur le Tillac, quoy qu'il disoit estre mort, & n'ayant plus de force je luy fis boire par force une grande tassée de suc d'une herbe nommée Passerage, avec du sel que j'avois accommodé exprés ; Cela luy ayant fait vomir une matiere noirâtre, jaunâtre & verdât, je reïteray à luy en faire prendre deux autres pareilles dozes, & ayans demeurez deux jours & demy sur les ancres pour luy faire encore donner l'estrapade mouïllée, en cas qu'il luy survint quelque accident de rage ne luy en paroissant plus, je le fis reporter en sa maison, où je le parachevay de guerir en huit jours. Pour ma recompense il me voulut acheter, non pas pour me donner ma liberté, mais pour me faire ſon Eſclave, & tâcher de me faire renier le Chriſtianiſme; Mon Patron ne m'ayant pas voulu vendre il luy fit preſent d'un vêtement parfait depuis la tête juſques aux pieds, qui valoit bien mille livres de nôtre monnoye, & à moy de cinquante Patagons que je donnay à mon Patron, qui m'en donna vingt pour faire le garçon.

Chap. XXXVIII.

D'un Renegat Ianniſſaire qui eut cinquante coups de baſtons ſur le cul, & du voyage que fit l'heurenx Eſclave avec ſon Patron au païs de Negres.

LE temps d'aller recueïllir la *Lima*, qui veut dire en nôtre Langue *Taille*, eſtant venu il ſe tint le *Buk Divan*, qui veut dire *grand Conseil* dans l'Alcassave qui est la forteresse d'Alger, il y fut conclud d'envoyer un camp vers Constantine, l'autre vers Tremescen,& l'autre vers les deserts de Numidie.

Mon Patron Scander Seremet estant chargé de faire ce dernier voyage avec quatre cens Iannissaires, allant dés le soir aux Foudouques qui sont logemens de Soldats pour donner avis de se preparer à ceux qui devoient aller avec luy, rencontrant dans une un Renegat Allemand, qui pour avoir la teste troublée des vapeurs du vin, qu'il avoit beu toute la journée, querelloit l'un & l'autre, voulant en frapper un qui luy disoit de s'aller reposer, il le fit prendre par un, luy commandant de luy tenir la teste ferme entre ses jambes, & à un autre de prendre un gros bâton pour luy en donner cinquante coups sur le cul; Il resista le plus qu'il pût, mais n'eſtant pas le plus fort fallut qu'il ſouffrit ce chaſtiment comme voyez en la figure ſuivante.

Aprés quoy il le fit coucher, luy defendant de ſortir de ſa chambre & de quereller perſonne, ſur peine de recevoir cent autres coups de bâtons ſous la plante des pieds; ce que craignant il luy promit d'obſerver ſes defenſes.

Huit jours aprés cét ordre donné, mon Patron & les Soldats qu'il devoit commander sortirent l'aprés disnée hors de la ville, où il les fit camper à une portée de fusil de la Porte neuve, où y estant je me retiray en sa tente, dés la pointe du jour nous décampâmes prenans nôtre route vers où nous devions aller, nous fûmes huit mois à faire ce voyage, faisant payer la Taille à tous les Doüars qui sont camps d'Arabes, composez de plusieurs baraques que nous pouvions surprendre, les cottisans suivant leurs richesses.

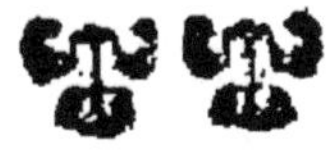

CHAP. XXXIX.

Revolte de trois Camps d'Arabes pour ne pas payer la Taille, & de leur deffaite par le Camp d'Alger, dans lequel estoit l'Heureux Esclave.

AYant passé le païs de Numidie & entré dans celuy des Negres proche du Lac de Targast, suivant le bord d'une riviere trouvâmes un Douart nouvellement depeuplé, les barques toutes fraiches rompuë, nous ayant fait juger que les Habitans pour éviter de nous payer la Taille s'en estoient retirez, nous obligea de passer outre pour en découvrir quelque autre, & luy faire payer le double. Ayant voyagé tout le reste de cette journée-là, journée-là, sur le soir entendant quelque bruit éloigné mon Patron se doutant que c'estoit les Arabes de ce Douart qui se retiroient, envoya deux Jannissaires qui sçavoient le païs, vétus en Arabes, & montez sur chacun un cheval fort legér pour découvrir leur retraitte, les ayans veus gaigner certaines montagnes fort écartées , luy en estans revenus donner advis, il fit marcher sans perdre de temps vers ce lieu, faisant garder le silence à tous, & les ayans apperceus à la pointe du jour, fit courir dessus pour surprendre le betail, mais la méfiance & quelques avis qu'ils avoient eus, leur avoit fait retirer, en un lieu où on ne le pouvoit prendre qu'à grand force, & s'estans mis en bataille sur une eminance en assez mauvais ordre pour nous découvrir, nous voyans en petit nombre, n'estans comme je l'ay dit cy-devant que quatre cens au plus, & eux plus de deux mils en deux Douars joints ensemble, & appuyez d'un autre d'où ils estoient fort proche, se resolurent de nous exterminer si nous avions la hardiesse de les aller attaquer. Scander Seremeth reconnoissant leur resolution estant un homme fort courageux, ne s'étonnant aucunement, fit mettre tous les Iannissaires en bataille, & ensuite en envoyant un qui sçavoit parfaitement la langue à ces mutains les sommer de payer le tribut qu'ils devoient, d'amitié, ou qu'ils le payeroient de force; Leurs Chefs qu'ils nomment Checs se mocquant de cette sommation répondirent pour tous, que nous aurions mieux fait de demeurer en Alger manger de bons morceaus, boire du sorbec & du cavé, que d'estre venus pour leur faire payer la Taille, qui estoit une tyrannie qu'ils aboliroient en nous abolissant, si nous ne nous retirions. Mon Patron ayant apris cette réponse en estant irrité, & ne voulant pas perdre la capture que nous avions cherchée depuis plusieurs jours & découverte, se resolut de les attaquer avec chaleur, pour cét effet separa tous ses gens en trois escadres qui donnerent si à propos sur les Arabes de leurs mousquets, qu'ils en tuerent d'abord environ cinquante ou soixante, d'entre lesquels fut un de leurs Checs; cela leur donna une telle épouvante qu'ils lâcherent le pied fuyans vers le lieu où estoient leurs femmes, enfans & betail. Ceux du Douar duquel ils pretendoient du secours fuirent avec eux, nous les poursuivimes & en primes environ trois cens, d'entre lesquels fut pris un autre Chec, tous furent attachez de deux en deux, de telle sorte qu'ils ne se pouvoient sauver, les autres ayãs gaigné les montagnes, n'ozans les y aller attaquer campâmes au pied toute la journée & la nuict ayant mis bonnes ſentinelles pour n'eſtre pas ſurpris : Le lendemain ils nous envoyerent un de leurs Marabous pour nous appaiſer, promettant de payer le tribut que nous deſirions, à condition de relâcher les priſonniers, mon Patron luy promit, & tant d'une part que d'autre ayans tenu leur promeſſe nous nous retirâmes aprés avoir receu leur ſerment que d'oreſnavant ils ne ſeroient plus rebelles & qu'ils payeroient la Taille quand on leur viendroit demander, ce qui fut fait autentiquement preſence des Marabous par les Checs & anciens.

CHAP. XL.

D'un Serpent monstrueux, qui pensa devorer l'Heureux Esclave, comme il en fut delivré & de divers autres.

AYans passé le Royaume de Targast, & entré dans celuy de Lempta qui est dans la Lybie inferieur, au delà de la Numidie, cheminans trois jours entiers dans un païs ordinairemant fort peuplé à cause de la bonté du territoire, nous fûmes étonnez de n'y trouver personne, toutes les habitations estant abandonnées. Le quatriéme environ sur les dix heures du matin, marchant avec deux Iannissaires une demie mille devant les autres pour aller à la découverte, estant détourné d'eux d'environ cinquante pas ramaſſant des plumes d'Auſtruches, je ne puis vous exprimer la peur que me fit un ſerpent long de vingt pieds & plus de trois de groſſeur les yeux étincellans & furieux, les dents groſſes, longues & fort aiguës, ſortir hors du creux d'une montagne me pourſuivre la gueule ouverte, comme vous voyez en la figure ſuivante,

Les cris que je fis fuyant vers les deux Iannissaires leur fit tourner la teste pour voir ce que j'avois, voyant le danger où j'estois, & que cete beste m'ayant attrapé & englouti, ils en seroient poursuivis & devorez, est ce qui les obligea de venir au devant de moy & à l'encontre d'elle, leurs fuzils bandez, d'où en estant environ quinze pas la tirerent si juste qu'un luy creva un œil, & l'autre de son coup luy ayant donné par la tempe la fit culbuter, faisant des contorsions étranges & des siflemens en hurlemens si horribles qu'il sembloit qu'elle appelloit tous les serpens des deserts, & comme il y avoit à craindre qu'il n'y eut encore d'autres semblables monstres, qui par ces siflemens viendroient à son secours, cela nous obligea de faire volte face, fuyans vers nos gens fort épouvantez. Mon Patron ayant apris le danger que nous avions encouru, desirãt voir cét animal & le tuer, fit marcher tout le camp en bataille rangée, donnant à trente Esclaves Numides & Lybiens des leviers qu'il mit au milieu. Estans à la place où il avoit esté tiré nous ne le trouvâme plus, s'en estant retourné dans son reper qui fut facile à trouver par la piste du sang du coup qu'il avoit receu en l'œil & un frayement de chemin qu'il avoit fait par la pezanteur de son corps. Estant à environ dix pas du trou, mon Patron ne fut pas moins épouvanté que moy voyãt cette horrible beste en sortir pour se vanger des coups qu'elle avoit receu, mais pour l'empescher fit d'abord faire une décharge de vingt fuziliers dessus, & d'une autre d'autant, siflant & faisant des contorsions, il luy fit faire encore une décharge, quoy qu'à ce que je croy qu'elle fut morte, estant toute criblée de coups, ſon muzeau eſtant écarbouillé. De crainte qu'elle ne réchappa, les porteurs de leviers luy donnerent, à ce que je croy, plus de mil coups aprés ſa mort ; Le lendemain à quelques deux journées de la ville de Lempta nous trouvâmes pour le moins mil hommes armez de hazegais & leviers & des piquots de fer pour mettre autour du repaire de ce monſtre qu'ils alloient combatre lesquels nous voyans voulant fuir, mon Patron & environ cinquante autres bien montez furent apres pour ſçavoir leur deſſein, lequel ils dirent n'eſtre autre que d'aller pour ſurprendre cette beſte qui avoit mangé plus de dix de leurs gens ſans compter les bœufs, vaches & chevaux qu'ils avoient obligé d'abandonner leurs habitations, qu'ils deſiroient rehabiter : Leur ayant dit que l'animal eſtoit mort, il ne ſe peut exprimer la joye qu'ils en receeurent, croyant toûjours qu'il estoit aprés eux & qu'il les suivoit, & pour leur faire voir qu'il estoit mort il les mena où il estoit & de crainte qu'il ne revint envie ils le couperent par tronçons avec leurs coûteaux qu'ils emporterent pour manger, & fut trouvé dans son ventre la moitié d'un âne sauvage, non encore digeré, attaquant Lions, Tigres, Cocodrilles & tous autres animaux.

Dans ce païs là comme aussi dans les Royaumes de Garamentes & d'Agades jusques où nous fûmes, il s'y void quantité de *Sirenes*, qui sont Serpens longs de deux coudées grosses comme des Anguilles de couleur d'un gris rougeâtre ayans sur la tête des poils frizez, gros & durs comme crain de cheval, & des aisles comme les chauves-souris, avec quoy ils volent plus viste qu'un cheval de poste, comme vous voyez en la figure.

& des *Basilics* de huit & 9 pieds de long qui ont toute la peau & les écailles de dessous le ventre tachetée de blanc & de noir, & sur la teste une grande marque blanche, vont rempans comme les serpens coulans, n'ayans ny aisles ny pieds, leurs morsures comme aussi des Sirenes enflamment tout le corps & fait mourir comme enragé en six heures, si on n'y remedie promptement.

Il s'y void des *Hydres* longs de 2. coudées, les uns ayans sept têtes, les autres moins jusques à trois, comme voyez en la figure 2. ayans la peau de couleur d'un gris noirâtre, les écailles de dessous le ventre d'un blanc rougeâtre, des *Chersydres*, longs & de même couleur par tout le corps que la peau des Hydres, & des *Doubles Chemineurs* longs, gros & de même couleur que les Chersydres ayans deux testes l'une à un bout du corps, l'autre à l'autre, comme voyez en la figure 3. obeissante l'une à l'autre, si bien que quand l'une est empéchée à tirer le corps, l'autre regarde & siffle pour empécher que l'on n'en approche: La morsure de ces trois especes de Serpens fait separer la peau de la chair rend la playe humide & pourrie fait venir des pustules par le corps, cause tournoyemens de teste, brulement, douleurs de membres, vomissemens billieux & puans, & ensuite la mort si on n'y remedie promptement.

Il s'y void des *Santonnes* longues de douze pieds, grosses à l'équipolent, le corps de couleur olivâtre & sur la teste des poils frizez, durs comme crains de cheval; Leurs morsures fait enfler le corps & cause la mort en deux jours.

Il s'y void des *Serpens* longs d'une aulne, de couleur d'un gris noir, la queuë pleine d'écailles qui en cheminant sonnent; les morsures desquels fait mourir en bref, si l'on n'applique viste dessus de l'herbe nommée *Serpentaire*.

Il s'y void des *Seps* de deux coudées de longs, lents à aller, le corps parsemé de taches noires & blanches, allant en se diminuans dés le milieu du corps; leurs morſures fait enfler la partie, y cauſe hemoragie de ſang & douleur morne.

Il s'y void des *Martinets* de couleur jaunâtre d'un tiers de long, la morſure duquel fait mourir promptement ſi on ne met viſte de l'ail deſſus.

Il s'y void des *Scorcus* gros comme les coulevres, mais la moitié plus court, de couleur d'un gris eutre rouge & noir; la morſure deſquels putrifie la chair cauſe des convulſions, foibleſſe de cœur, épanchement de bille dans la poitrine, & bleſſe l'imagination ſi on ne mange promptemanr de l'herbe nommée Scorzonaire & que l'on n'en mete ſur la playe.

Il s'y void des *Ptyas* longs de trois, quatre & cinq coudées, gros comme les coulevres, de couleur d'un cendré verdâtre, ayans toûjours la gueulle écumeuſe, des *Cherceas* qui ne ſe diſtinguent des

Ptyas, qu'en ce qu'ils n'ont pas la gueulle écumeuse, des *Chelidons* longs d'une coudée ayans le dos noir & le ventre blanc, un desquels se servit Cleopatre Reine d'Egypte pour se faire mourir sur le tombeau de M. Antoine son amant, qui s'estoit tué, s'estant veu vaincu par Cesar, il parut sur elle ainsi qu'aux autres mordus de cét Aspic comme aussi des Cherceas & Ptyas qui sont autres Aspics des taches legeres de diverses couleurs par tout le corps offusquement de veuë, pesanteur de teste, assoupissement, foiblesse & refroidissement sans douleur.

Il s'y void des *Ammodites* de longueur des Cherceas, de couleur de sable tachetées de noir, de corporance à la vipere, la teste plus large, ayant au bout du muzeau une éminance semblable à une veruë pointuë, ce qui les fait nommer *Aspics cornus*, & des *Acontias* de couleur verte longs de deux coudées ſe diminuans dés le milieu du corps juſques à la queuë fort agils, leurs morſures comme auſſi celles des Ammodites enfle la partie bleſſée, cauſe grande douleur, putrifie la chair, fait mourir en quatre ou cinq jours avec peſanteur de teſte & foibleſſe de cœur.

Il s'y void des *Viperes* de couleur d'un gris rouſâtre, longues les unes d'une coudée, les autres de davantage ayans la teſte plate & large prés le chignon du col qu'elles ont naturellement fort mince; leurs morſures deviennent élevées, ardentes, pleines de veſcies rougeâtres, enſuite livides puis coroſives, cauſent ſechereſſe de bouche, ardeur par tout le corps avec friſſonnemens, tranchées de ventre, douleurs de reins, foibleſſe de membres, courte haleine, hoquets, peſanteur & tournoyement de teſte, fievre & ſueur froide.

Il s'y void des *Ophites* longs d'une coudée & demi, gros comme Anguilles, tachetez de diverses couleurs par le corps, reluisans au Soleil, trés beaux à voir mais non à manier & des *Scitalles* plus courtes, de mêmes, tachetées par le corps, leurs morsures pourrit la chair, la fait tomber en pieces, faisant ressentir au blessé une grande douleur au côté droit aux boyaux Illium & Colon avec assoupissement.

Il s'y void des *Dispes* grands & gros comme une lamproye, de couleur d'un gris transparent & des *Tires* qui sont plus petits de couleur d'un gris rougeâtre; la morsure des uns & des autres que les Normans nomment *Orverts* emportant la piece cause grande inflámation à la partie.

Il s'y void des *Serastes* de deux coudées de long, d'autres plus petites de couleur de sable dans quoy elles se cachent, pour avec deux petites cornes qu'elles ont au front ſemblables à celles des Eſcargots, les remuans attirans, les oiſeaux qui croyent que ce ſont des vers ſe jettans deſſus pour les prendre, les Seraſtes les attrapent & mangent. Quand elles rampent les écailles qui ſont deſſous leurs ventres fait du bruit comme d'un ſiflement, leur morſure fait enfler le corps, les veines, le membre viril, cauſe troublement d'eſprit, convulſions de nerfs, les rebords de la playe deviennent durs, pleins de puſtules, & il en ſort un pus noir.

Il s'y void des *Celibres* grandes & groſſes comme des coulevres de couleur d'un rouge noirâtre, & les écailles de deſſous le ventre d'un blanc rougeâtre, des *Evidres*, non ſi longues ny ſi groſſes, de couleur griſes, les écailles de deſſous le ventre noires, blanches des jaunes, des *coulevres*, la plûpart longues d'une coudée, d'autres d'avantage de couleur grises, les écailles de dessous le ventre rachetées de blanc & de noir & des *Bouines* beaucoup plus grosses & longues que les coulevres de même couleur ainsi nommées, à cause qu'elles suivent les vaches qu'elles tetent jusques au sang; la morsure de ces quatre especes de reptilles ne sont pas plus difficiles à guerir que celles de chiens.

Il s'y void aussi de toutes sortes de grandeurs, grosseurs & couleurs de Lezars, entre lesquels sont les *Dragons*, gros comme chiens bragues de cinq ou six pieds de long & rapetissans depuis la moitié du corps jusques au bout de la queuë, avec laquelle ils frapent & terrassent les animaux qu'ils veulent manger, ont des aisles comme les chauves-souris, avec quoy ils volent en l'air, & comme une crête sur la tête, comme voyez en la figure 4. des *Cocodrilles*, longs d'une aulne, la peau qui eſt toute écailleuſe, de couleur d'un gris jaunâtre, les uns gros comme chiens moloces, les autres comme des Barbets & les autres plus petits, ayans des dents fort longues, & des Caemans, ſemblable aux Cocodrilles, à la reſerve des écailles qui ſont griſes, & leur chair, ſentant ſi fort le muſc, que la matiere fecale de ceux qui en mangent le ſentent auſſi fort, que ceux qui ont pris de la Terbentine ſentent la Violette.

Il s'y void des *Salamandres* groſſes comme nos Lezars communs, la téte plus groſſe, les uns la peau tachetée de jaune & de noir, d'autres des barres jaunes, & le reſte noir & les autres noires ſur le dos, & jaunes ſous le ventre ſortant de leur peau une certaine humeur gluante, qui eſt un pernicieux poizon, marchent lentement & la teſte baiſſée, comme voyez en la figure 5. j'en ay jetté quantité dans le feu & fait consommer presence de gens qui me vouloient faire croire qu'elles l'éteindoient & vivoient au milieu, & des *Cameleons* gros & long comme les Salamandres de couleur d'un gris verdâtre se changeante en blanchâtre, quand ils ont froid regardent dans un même temps à droit & à gauche, ont sur la teste une créte faite comme celle d'un casque de Suisse, ils demeurent des trois & quatre jours sans branler d'une place, gobans des mouches qui leur passent pardevant, comme voyez en la figure 6. dequoy ils vivent, & non d'air comme plusieurs croyent, & aussi qu'estant diaphanes & clairs ils reçoivent comme une glace de miroir toutes sortes d'objets & de couleurs qui leurs sont opposées, ce qui n'est pas.

Chap. XLI.

Deffaite des Algeriens par les Couquois.

J'Appris à mon retour du voyage des Negres, que le Bassa & le Conseil ayant trouvé à propos d'envoyer vers Couque un camp de quatre mils Iannissaires pour contraindre le Roy de payer le tribut annuel qu'ils pretendent qu'il leur doit, comme ils avoient menez avec eux trois pieces de campagne pour battre des forteresses qui en deffendent l'entrée au bas des montagnes y trouvans le Prince son fils en une vaste campagne avec une armée de dix ou douze mils Maures Arabes, leur Aga se resolut de les attaquer, dans la pretention d'emporter sur eux pareille victoire qu'avoit fait l'année d'auparavant Scander Seremeth mon Patron, mais ils furent trompez, car ayant ramassé quantité de chameaux qu'ils avoient chargez par les côtez de deux sacs de sable, prés de faire leur premiere décharge sur eux, frappans leurs animaux devant eux, qui s'estans jettez en courans dans le camp Algerien, par ce moyen l'ayant mis en quelque façon en confusion, les Couquois se servans de cét avantage dōnerent dessus leurs ennemis de telle rudesse qu'ils en tuerent à coups de hazegais & cimeterres bien le tiers & gagnerent leur Canon qui étonnant fort l'Aga des Iannissaires Algeriens, les ayans raliez donna dessus, en fit quelques petites escarmouches, & comme il avoit gagné le large de la campagne & engagé le Prince de Couque, qui se dégagea repoussant les Algeriens jusques vers un petit bois, où là ils ſe rallierent reprenans deſſein d'hazarder pour la troiſiéme fois pour r'avoir leur artillerie, mais ils furent recongnez & obligez de retourner en Alger, aprés avoir perdu plus de la moitié de leurs gens.

CHAP. XLII.

D'un Ianniſſaire crucifié pour avoir donné des coups de coûteau à ſon Odabachi, & d'un Eſclave renegat qui fut emmuré pour avoir tué ſon Patron.

UN Ianniſſaire dans une Fondouque ayant quelque different avec ſon *Odabachi*, qui eſt ce que nous appellons *Brigadier* ou *Caporal* luy donna quelques coups de coûteau, ſans en avoir

avoir peu estre empéché par les autres Iannissaires qui estoient là presens pour les accorder, il fut pris sur le champ & resserré étroitement, pendant que l'on en alla donner avis à l'Aga, qui le condamna d'avoir la teste coupée. N'estant pas capable de donner un Arrest deffinitif à cause du Divan, qui ne tenant pas cette journée-là, estant aussi trop tard pour faire cette assemblée, l'execution fut suspenduë par la voix des Jannissaires, jusques au lendemain que le Divan se tint, dans lequel cét assassinat ayant esté declaré, le Bassa & les Principaux en ayant esté instruits, l'Odabachi estant mort dés la nuict de ses blessures, n'ayant vécu que sept ou huit heures, il fut conclud que les Jannissaires presens à la querelle auroient chacun cinquante coups de bâton sous la plante des pieds pour n'avoir pas empéché leur camarade de fraper l'Odabachi, & que pour punition tant à cauſe du crime par luy commis que pour ſervir d'exemple aux autres il ſeroit crucifié; Les Janniſſaires eurent les baſtonades, & le meurtrier fut mené par les Sauces hors de la porte nommée Babaloer, où là il fut dépouïllé en une place où ſe fait ordinairement les executions où là il fut crucifié, comme voyez en la figure.

Environ un mois aprés je vid emmurer avec du mortier fait de chaud & sable entre des pierres jusques au col, un Renegat Venitien, pour avoir coupé la gorge à son Patron & pris son argent & son cheval, pretendant se sauver à Oran ville appartenante au Roy d'Espagne, mais il ne fut pas dix milles qu'il fut attrapé, & ainsi mourut de faim & de soif, comme voyez en la figure 2.

Chap. XLIII.

Rembarquement de l'Heureux Esclave sur les Galleres d'Alger, de leur deffaite par les Chevaliers de Malte & de sa delivrance.

IL y avoit deux ans & davantage que j'estois au service &

Eſclave de Scander Semereth, lors qu'il fit un armement de cinq Galleres, deux Galliottes & quatre Fregates, le tout commandé par un nommé Morat, pour lors General des Galleres, avec lequel mon Patron me fit embarquer pour luy ſervir de Chirurgien dans la Capitanne.

Ayant mis à voiles & les rames en Mer ſortîmes du Port pour courir les côtes en croiſant, dans l'intention d'eſplanader toute la Mer. Le lendemain de nôtre départ vers le milieu du jour aviſâmes au Grecco en pleine Mer de fort loin trois petits vaiſſeaux de rames, que nous reconnûmes eſtre un Gallion & deux Caramouſſars de Tripoly, qui comme nous cherchoient capture, qui nous obligea de les laiſſer voguer ſans aller aprés. Cette nuict là même primes une caraque Portugaiſe montée de quatre double barces & deux ſimples, & chargée de vin & une barquette qui la suivoit. Deux jours aprés attrapâmes encore deux Polacres Neapolitaines & uue Felouque chargée de passagers, mais de si petite consequence & avec tant de facilité qu'il ne me semble pas necessaire de reciter les particularitez de ces prises, me suffisant seulement de dire que tous ceux que nous prenions estoient amenez à nos bords,& mis à la chaine mettans sur leurs vaisseaux quelques petites pieces de canon, outre celles que nous trouvions dedans & des Iannissaires & gens pour les commander pour augmenter nôtre armade.

Il y avoit environ trois semaines que nous estions sous les voiles & battans la Mer, lorsque nous apperceumes de loin trois grands Vaisseaux ronds accompagnez de deux Tartanes qui les escortoient cela nous faisant juger que c'estoient Visseaux Marchands nous fit tourner toutes les proües vers eux, les Maîtres de ces vaisseaux voyans la precipitation de nôtre approche, jugeans que nous estions des Corsaires qui avions la volonté de les prendre, banderent tous leurs voiles, prenant la fuite, mais ils ne purent si bien faire, faisant un trop petit frais, que nous ne les approchames de fort prés; les ayans reconnus forts & que nous n'estions pas plus de trente milles de Malte, craignans que la resistance qu'ils nous feroient, sans doute obligeroit le Grand Maître de l'Ordre d'envoyer en diligence les Galleres & autres Vaisseaux de la Religion pour les secourir, les recconnoissans Chrétiens, attaquez par Turcs, obligea nôtre General de donner l'Ordre d'aller doucement, afin de ne les approcher que la nuict ou le lendemain en pleine Mer, esperant qu'ils s'e-loigneroient de la côte, mais il fut trompé, car au lieu de s'en éloigner ils s'en approcherent; Dans l'ordre qu'il avoit donné d'aller doucement il fit mettre en Mer le Caiq de sa Gallere avec huit rameurs Maures, quatre Jannissaires & un Officier avec ordre de les suivre, & qu'en estans prest la nuict allumer un fanal; ce qui fut fait, nous voguâmes vers cette clarté, & sur la minuict nous en approchâmes de si prest que pretendant en accrocher un, dans lequel nous croyons estre tous endormis, parce qu'ils ne faisoient aucun bruit, nous fûmes bien étonnez d'en estre saluez d'une quantité de cannonades chargées de barres de fer & balles de mousquets qui en tuerent & blesserent beaucoup des nôtres qui estoient sur la rambade, les deux autres Vaisseaux & les Tartanes firent aussi grand feu sur nous, nous ayans apperceus, ce qui nous obligea de les laisser jusques à ce qu'il fut jour pour les attaquer mieux, croyans estre plus éloignez de Malthe, d'où nous n'estions à pas plus de dix milles. Le jour estant grand nous apperceumes deux Galleres de la Religion qui venoient vers ces vaisseaux; ce que voyant nôtre General il se resolut de les attaquer, esperant de les emporter avant que d'estre secourus; Pour cét effect avançans en bon ordre vers ces vaisseaux qui avoient arboré la Baniere rouge, ne cheminans qu'avec un voile pour marque qu'ils ne nous craignoient pas, ce qui ne nous empescha pas de les attaquer de telle façon que nous coulâmes une de leur Tartane à fond, une de nos Galleres ayant pris le devant brisa avec une de ses batteries tout le gaillard d'avant d'un de ces Vaisseaux, & à un autre que nous avions percé le flanc entre deux sabords, en passant auprés elle luy emporta le bout de Leperon de telle façon que le voille Sinadiere, qui pour estre mal attachée s'estant déployée battoit en l'air comme une banniere. Nôtre Gallere brisa d'un coursier la dunette de ce Vaisseau, lequel pour se vanger du tort qu'il venoit de recevoir, voyant de plus la posture de nos Iannissaires qui tous avoient leurs manches retroussées jusques au coude & le cimeterre à la main, prêts pour entrer dans ce vaisseau que nous pretendions accrocher, déchargea tous les Canons du côté que nous voulions aborder si à propos qu'il rompit & jetta bas nôtre arbre, tua beaucoup de nos Iannissaires & quelques Esclaves vogueurs, entr'autre vint une vollée de canon de ce bâtiment au lieu où j'estois sur la plate forme, pour mieux voir le combat, qui tua nôtre Meurgon, un pauvre petit gourmet qui estoit auprés de moy eut une jambe caſſée d'une alouzie que le canon rompit en tirant. Pour nous achever de peindre une des Galleres de la Religion vint vers nous, & paſſant pardevant nôtre poupe nous donna une saluë de ſon courſier & enſuite de ſes moyennes ſi rudement que tout nôtre derriere fut fracaſſé, jamais je n'eus plus de peur, ayant penſé eſtre tué d'un éclat de panneau, & de plus penſé tomber en Mer avec une partie du couronnement qui y tomba, d'où j'eſtois tout proche; Ceux qui eſtoient en bas s'appercevans que l'eau entroit avec ſi grande vehemence dans la Gallere par le bas du gavon, qui eſtoit de telle ſorte briſé que l'on n'y pouvoit remedier,& de plus jalouſant extraordinairement fit crier ſauve qui peu; Sur ce nôtre General ſe jetta dans l'eſquif avec quelques Officiers qui eſtoient auprés de luy, abandonnant les Ianniſſaires & nous à la mercy des Maltois & de la mer; Ce que voyans nous nous mîmes tous à crier pour qu'on nous vint secourir. Les Mahometans ayans mis bas les armes, joignans les mains, elevans les yeux au Ciel, déplorans leur infortune, crioient tous confusement *Alla he!* qui veut dire, *O Dieu!* Les Maltois estant proche de nous nous envoyerent leurs esquifs avec deux Meurgons, deux Argousins, deux sous-Argousins & des Soldats, tant pour déchainer les Chrétiens vogueurs, que pour prendre les Turs qui estoient dedans nôtre Gallere pour les mener aux leurs avec lesquels j'entray en une, d'où peu aprés je vis la nôtre couler à fond. Cét accident me donna la liberté & aux autres Chrétiens Esclaves qui furent pris avec moy & les Mahometans furent tous mis à la cadene.

Les Maltois encouragez de cét avantage poussent leur pointe

encor plus avant, aidez des autres Navires Chrétiens, continuans le combat de telle ſorte qu'ils coulerent encor à fonds une Galliotte, & le bruit du canon tant d'une part que d'autre, & la meſlée du combat qui ſe voyoit de Malte obligea le grand Maître à faire encore détacher trois Galleres de la Religion pour exterminer ces ennemis de la Chrétienté, qui en fort peu de temps nous joignirent & eſtans tout frais ſe battirent comme des Lions, avec tant d'adreſſe, qu'ils prirent d'abord deux Fregates peu aprés l'autre Galliotte, coulerent à fond les deux Polacres & la Felouque qu'ils avoient pris ſur les Chrétiens.

Ces Infidels ſe voyans traittez de la ſorte, & ne pouvans reſiſter ayans un vent de Levant fort favorable, le Soleil eſtant couché les ombres de la nuict les favoriſans encore, les obligea de mettre tous leurs voilles au vent & les rames en Mer, se sauvans ainsi avec telle vitesse qu'il fut impossible aux Maltois de les pouvoir attraper suivans à peu prés pendant toute la nuict la route qu'ils croyoient avoir tenu. Le lendemain estant jour ne découvrant rien sur Mer, tous tournerent leurs prouës vers Malte, où nous y arrivâmes sur le soir le Soleil s'allant coucher. Estans debarquez les Maltois entrerent dans la ville portans les flames banderolles & bannieres Turcs traînantes, ayans arboré à la Galiotte & aux deux Fregates qu'ils avoient prises la Banniere de la Religion, ils entrerent à l'exclamation d'un grand nombre de peuple qui se trouverent sur le port comme aussi dans les rues nous autres Esclaves delivrez suivions de quatre en quatre aprés ceux qui portoient les flames, banderolles & bannieres, & aprés nous plusieurs Chevaliers qui s'estoient trouvez au combat, & ensuite les Soldats, les Turcs, Maures & Renegats furent menez dans la prison tous enchaînez.

Passans avec les autres Esclaves devant le grand Maître qui estoit accõpagné de plusieurs Cõmandeurs, un d'entr'eux qui avoit esté Esclave du Bassa d'Alger, duquel il s'estoit racheté il y avoit un an, me reconnoissant pour l'avoir traitté d'une indisposition qu'il avoit euë, vint m'embrasser, me témoignant la joye qu'il avoit de me voir delivré de l'esclavage aussi bien que luy, & le lendemain ont fut porter les Flammes, Banderolles & Bannieres Turs en l'Eglise Cathedralle, dans laquelle l'Evesque y fit chanter le *Te Deum* en action de graces.

Chap. XLIV.

Embarquement de l'Heureux Esclave à Malthe pour Naples de son retour en France, & des avantures qui luy arriva par le chemin.

QUinze jours ou trois semaines aprés ma delivrance par les Chevaliers de Malte, y ayant dans le Port un Vaisseau à mettre sous les voiles, n'attendant que quelques tretes qu'un Marchand luy devoit donner pour porter à Naples, je m'embarquay dessus avec environ soixante autres Esclaves delivrez, les uns François, les autres Italiens, Allemans, Dannois, Hambourquois, Flamans, Hollandois, Anglois, pour retourner chacun en sa patrie. Ayant levé l'ancre avec un Ostro-Lebercio prenant nôtre cours au Tramontano Grecco le vent nous fut si favorable que le lendemain quelque quatre heures aprés Soleil levant abordâmes les côtes de Sicile le long desquelles fretâmes jusques à Augusta, où la il fut debarqué quelques passagers, de là ayãs doublé le Far de Messine à la pointe du jour en pleine Mer, à quelque vingt milles de Salerne, nous fûmes rencontrez de quatre Fregates Corsaires de Barbarie, lesquels nous attaquans d'orse & de pogé, nous fûmes obligez de nous deffendre du mieux que nous pûmes, n'ayans que cinquante mousquets en bon ordre & des bâtons ferez, avec lesquels voulans repousser nos ennemis, deux desquels nous avoient arrambez entrans dans nôtre bord des deux côtez en confusion, le sabre à la main; cela obligea tous nos Matelots;

&

& autres passagers de se retirer dessous le Pont, à la reserve du Capitaine, du Pilote & de moy qui resterent sur la plate forme du Gaillard d'avant, sur lequel y ayant deux Periers chargez chacun de soixante balles de mousquet, le Capitaine mit si bien le feu à un qu'il tua plus de six & blessa mortellement, autant que je vid culbuter sur le Tillac, ce que voyant un nommé *Curé Mustapha*, qui veut dire, *Aimé le Borgne*, que je reconnu estre Capitaine d'une de ces Fregates de Tripoly vint promptement avec une planche pour mettre devant la gueille du Canon, le bouchant pour l'empécher de tirer. Nôtre Capitaine y mettant le feu cela fit un autre effect qu'il ne s'estoit imaginé de sa planche qui fut brisée, il en eut le bras emporté, plus de dix en furent blessez, & cinq ou six de tuez. Nôtre Vaisseau ayant deux Ponts nôtre Pilote estant entré entre deux ayant mis deux barils de poudre au milieu, y donna feu si à propos que faisant sauter une partie du Pont de dessus les éclats firent un tel ravage que la plûpart des Corsaires tombans, estans blessez des éclats, cela leur fit une telle peur que les sains monterent aux blessez à se sauver dans leurs bords qu'ils desaramberent coupans leurs écheles de cordes avec lesquelles ils estoient montez en nôtre vaisseau, si bien que ceux qui estoient dedans montans dessus avec leurs armes, ils s'emplirent si plain de sang qui couloit tant le long des bords que sur les tillacs qu'on eut dit qu'ils eussent fait un grand carnage, quoy qu'ils n'eussent rien fait, tous les progrez & nôtre conservation estant du Capitaine & du Pilote. Ces Pirates s'estans retirez de nous au plus vîte, nous jettâmes leurs morts & desesperez en Mer à la reserve de Curé Mustapha, auquel je coupay vniment le bras trois ou quatre doigts au dessus du coulde, ne luy restant qu'un petit bout de moignon, que je pensay & accommoday, de sorte qu'il fut mené avec quatre autres des siens jusques à Naples, où nous arrivâmes, le Soleil s'allant coucher; & estant debarqué je me fis mener chez Iean Baptiste Baury, lequel ayant fait lecture de la lettre de recommandation que je luy donnay, me receut fort courtoisement, me temoignant la joye qu'il avoit d'estre mon Hôte, luy ayant témoigné que je desirois pouvoir entrer dans l'Hopital de l'Incurable en qualité de Carabin de S. Cosme, il m'y fit entrer huit jours aprés, où ayant demeuré six mois, aprés lesquels je m'envint à Rome où ayant demeuré autant dans celuy de S. Jacques, m'en revenant en France je fis rencontre dans la Place de Milan de trois Gentils-hommes, un desquels qui estoit Chevalier de Malthe, pour m'avoir veu en Alger, & quittant les autres me vint embrasser, me disant *Selem alier Sidy la Martiniere*, qui veut dire, *Paix vous soit Monsieur la Martiniere*, l'embrassant aussi & le reconnoissant luy rendant le salut, je luy répondit, *Alecmi Chec Marc Antonio*, *Alla Selem berechiat*, qui veut dire, *& à vous aussi Seigneur Marc Anthoine*, *le Dieu misericordieux vous donne sa paix & benediction.* Ayant demeuré environ deux mois chez luy, en ayant pris congé je fus en Allemagne, puis revint à Paris où j'y retrouvay ma mere & mes autres parens en bonne santé qui croyoient que les loups m'avoient mangé.

FIN.

TABLE.

CHAPITRE I. *Premieres avantures de l'Heureux Esclave, & comme il s'engagea à Lisbonne pour aller aux Indes.* Page 1.

CHAP. II. *Embarquement de l'Heureux Esclave dans un Vaisseau Portugais, & de sa prise par les Corsaires de Salé.* Page 5.

CHAP. III. *Traittemens que firent les Corsaires de Salé aux Esclaves pris dans le Vaisseau Portugais, & comme ils furent vendus.* p. 11.

CHAP. IV. *D'un voleur d'Esclavesqui fut empalé à Salé.* p. 22.

CHAP. V. *Traitement qui fut fait à un Esclave François à Salé, pour avoir pissé contre une muraille.* p. 25.

CHAP. VI. *Embarquement de l'Heureux Esclave avec les Corsaires de Salé, de l'attaque qu'ils firent à un Vaisseau Anglois qui les repoussa jusques dedans leur Havre, aidé de deux Espagnols.* p. 27.

CHAP. VII. *Rembarquement de l'Heureux Esclave avec les Corsaires de Salé, & de la prise d'un Vaisseau Hambourquois.* p. 33.

CHAP. VIII. *De la prise d'un Vaisseau Hollandois par les Corsaires de Salé.* p. 37.

CHAP. IX. *Traittement que les Corsaires de Salé firent aux nouveaux Esclaves pris dans les Vaisseaux Hambourquois & Hollandois.* p. 41.

CHAP. X. *Rembarquement de l'Heureux Esclave avec les Corsaires de Salé pour aller en course; ce qui les obligea de quitter la Mer Occeanne pour aller en la Mediteranée, & des Ceremonies qu'ils firent passans le détroit de Gilbratar.* p. 46.

CHAP. XI. *De la prise d'une Tartanne Espagnolle par les Corsaires de Salé.* p. 49.

CHAP. XII. *Surperstitions des Corsaires de Salé pour connoître de leurs bons ou mauvais progrés,* p. 50.

CHAP. XIII. *De la perte que firent les Corsaires d'un de leurs vaisseaux coulé à fond par une Polacre Genoise.* p. 53.

CHAP. XIV. *Du naufrage que firent les Corsaires de Salè avec qui estoit l'Heureux Esclave par une tempeste.* p. 57.

CHAP. XV. *De la delivrance de l'Heureux Esclave, de ses compagnons, & comme ils furent receus à Malaga.* p. 62.

CHAP. XVI. *De la reprise de l'Haureux*

Esclave par les Corsaires de Tetoüan, p. 70.

CHAP. XVII. *Du bon heur qu'eust l'Heureux Esclave à Tetoüan, & de la misere de ceux qui sont mis dans la Masmore.* p. 75.

CHAP. XVIII. *D'un Esclave qui eut la Falaque pour avoir derobé & vendu l'Albano de son Patron.* p. 83.

CHAP. XIX. *Du present que fit le Roy de Couque au Roy de Tetoüan, & comme il luy envoya l'Heureux Esclave.* p. 85.

CHAP. XX. *D'un Conquois attaqué d'un Serpent, & delivré par l'Heureux Esclave.* p. 87.

CHAP. XXI *Comme l'Heureux Esclave fut Chirurgien du fils du Roy de Couque & de la Chase de la Panthere.* p. 90.

CHAP. XXII. *De la prise de l'Heureux Esclave par les Algeriens en une bataille donnée entr'eux & les Couquois.* p. 93.

CHAP. XXIII. *Entrée triomphante des Algeriens dans leur ville.* p. 98.

CHAP. XXIV. *Premiers extretiens de l'Heureux Esclave avec Dom Hierasme de Caruala, Gentilhomme Portugais.* p. 110.

CHAP. XXV. *Entreprise du Patron de l'Heureux Esclave & autres, de trouver la Pierre Philosophale.* p. 116.

CHAP. XXVI. *Comme se fait les Mumies que l'on nous apporte, & du mauvais usage de ce pretendu remede.* p. 119

CHAP. XXVII. *Embarquement de l'Heureux Esclave dans une Caravelle d'Alger, pour aller écumer la Mer de Levant, & de la rencontre d'un vaisseau François qui se sauva.* p. 124.

CHAP. XXVIII. *De la prise d'un vaisseau Anglois par les Corsaires d'Alger, & du traittement qu'ils firent à ceux qui estoient dedans.* p. 129.

CHAP. XXIX. *Comme l'on voulut obliger l'Heureux Esclave de faire l'office de Boureau, & comme il en fut degagé.* p. 138.

CHAP. XXX. *Seconds entretiens de l'Heureux Esclave avec Dom Hierosme.* p. 142.

CHAP. XXXI. *Embarquement de l'Heureux Esclave sur une Galliotte d'Alger, & de la prise d'un Vaisseau de Zelande.* p. 149.

CHAP. XXXII. *D'un Maure gangé pour avoir tué un Iannissaire.* p. 151.

CHAP. XXXIII. *D'un Marabou qui donnoit des coups de bâtons aux Maho-*

metans pour effacer leurs pechez. p. 157
[C]HAP. XXXIV. *Plaisant châtiment fait à un Turc, pour avoir esté trouvé couché avec une Chrétienne, & de celui que l'on fait souffrir aux Chrétiens trouvez coucher avec des Mahometanes.* p. 159.
CHAP. XXXV. *Rembarquement de l'Heureux Esclave sur les Galleres d'Alger, de la prise d'un vaisseau Portugais, & du traitement que l'on fit aux nouveaux Esclaves pris dedans.* p. 162.
CHAP. XXXVI. *Deffaite des Corsaires d'Alger avec qui estoit l'Heureux Esclave par deux Vaisseaux Hollandois & des Portugais delivrez.* p. 170
CHAP. XXXVII. *Troisiéme entretien de l'Heureux Esclave avec Dom Hierôme & comme il guerit un enragé.* p. 180.
CHAP. XXXVIII. *D'un Renegat Iannissaire qui eut cinquante coups de bâtons sur le cul, & du voyage que fit l'Heureux Esclave avec son Patron au païs des Negres.* p. 188.
CHAP. XXXIX. *Revolte de trois Camps d'Arabes pour ne pas payer la Taille, & de leur deffaite par le Camp d'Alger, dans lequel estoit l'Heureux Esclave.* p. 192.
CHAP. XL. *D'un Serpent monstrueux*

qui pensa devorer l'Heureux Esclave comme il en fut delivrè, & de divers autres Serpens. p. 197.

CHAP. XLI. Deffaite des Algeriens par les Couquois. p. 214.

CHAP XLII. D'un Iannissaire crucifié pour avoir donné des coups de coûteau à son Odabachi, & d'un Esclave Renegat, qui fut emmuré pour avoir tuë son Patron. p. 216.

CHAP. XLIII. Rembarquement de l'Heureux Esclave sur les Galleres d'Alger, de leur deffaite par les Chevaliers de Malte & de sa delivrance. p. 231.

CHAP. XLIV. Embarquement de l'Heureux Esclave à Malte pour Naples, de son retour en France, & des avantures qui luy arriva par le chemin. p. 219.

FIN.

Extraict du Privilege du Roy.

PAr Lettres Patentes du Roy, dõnées à S. Germain en Laye le 30 Decembre 1671. Signées par le Roy en son Conseil, LABORIE, & seellées; Il est permis à OLIVIER DE VARENNES, Marchand Libraire, de faire imprimer, vendre & debiter un livre intitulé *l'Heureux Esclave, ou Relation des avantures du sieur* DE LA MARTINIERE, *comme il fut pris par les Corsaires de Barbarie & delivré, & autres particularitez*, en quelque forme, caractere & autant de fois qu'il voudra, pendant le temps & espace de neuf années, avec defenses à toutes personnes de quelque qualité & condition qu'elles soient, d'imprimer ou faire imprimer ledit Livre, sous les peines portées par lesdites Lettres.

www.ingramcontent.com/pod-product-compliance
Ingram Content Group UK Ltd.
Pitfield, Milton Keynes, MK11 3LW, UK
UKHW020114200726
13856UKWH00002B/540

9 782011 949738